公共管理经典译丛

唐贤兴 / 主编

Governance, Politics and the State

治理、政治与国家

【瑞典】乔恩 · 皮埃尔　【美】B. 盖伊 · 彼得斯 / 著

Jon Pierre　**B. Guy Peters**

唐贤兴　马婷 / 译　唐贤兴 / 校

格致出版社　上海人民出版社

总序

在过去的二十多年里，中国学术界对公共管理（包括公共政策）的研究取得了长足的进展：研究队伍日渐壮大，学科的完整性越来越令人感到兴奋，大量的研究文献不断问世。一个主要的动力就是改革开放和国家的发展为理论研究提供了巨大的契机和广阔的空间。

一方面，处于转型中的中国，在享受着几十年的经济高速增长的同时，其政府管理、政策设计与过程、社会管理、国家治理等方面也日益面临着深层次的经济、政治和社会层面的挑战，迫切需要理论上做出思考和相应的解释。另一方面，公共行政和公共管理学科在中国还很年轻，这决定了中国学者缺乏对中国现实的解释性工具，从而迫使学界把眼光投射于西方学术界汗牛充栋的研究文献和层出不穷的解释模型。而这一方面之所以成为可能，也恰恰得益于中国不断加快和加深的对外开放步伐。事实上，迄今为止的中国公共管理学科的发展，与学界不遗余力地翻译和介绍西方典章制度和理论文献的努力是分不开的，尽管人们也已经开始反思接下来的中国学术界应该如何进行本土化创新这个学术使命问题。

包括中国在内，当今世界范围内的一个重要的政治现象是，与治理的需要紧密联系在一起的公共管理正在经历重大的变革。从“行政”到“公共行政”再到“公共管理”在观念和内涵上的变化过程，本身就是经济、社会和政治的变革过程。如今，公共管理又在一系列因素的驱动下发生着多方面的变革。全球化进程正在更为宏大的背景下对国家治理的基础性结构产生深刻的影响。有关全球化和治理的观念贯穿于公共政策辩论之中，正在出现的全球治理的制度结构，不断塑造着国家的公共管理和公共政策，尽管全球化和治理之间的关系在动力、特征和含义上饱受各种争议。信息技术的革新和进步所带来的不仅仅是治理方式、手段和工具的变化，更是治理观念的革新，组织结构和流程的改变，以及大到法律和政治制度、小到具体的治理机制的一系列制度化变革。毫无疑问，尽管技术革新会带来新的问题，但它确实是引发变革的力量，是思考治理结构变革的题中应有之意。再一个值得关注的问题是，我们不能忽视政府自身在公共管理和治理变革中的关键性角色。政府及其官员一直被认为是治理变革的阻碍力量，但事实上，他们不是治理变革的"局外人"或变革的对象，而是公共管理变革的重要行动者，在很多国家他们甚至是主要的推动者。他们对变革的态度、价值取向、回应的决心和具体的行动，在很大程度上直接决定了公共管理和治理变革的成败。

毋庸置疑，变革构成了我们时代治理的主题。目前暂时由四本书(《发动变革：政府组织再造》《分权化治理：新概念和新实践》《善治：信息时代的民主》和《治理、政治与国家》)所构成的这套"公共管理经典译丛"，其共同的主题也正是"变革"。每一本书所阐述的变革，都与上述所概括的背景相关联。当然，治理变革的话题，因其变动性、复杂性和各国的差异性而异，并非靠几本著作就可以全面概括和覆盖的。我们希望通过对它们的译介，能给中国相关学科领域的研究者们思考中国公共管理和国家治理的变革有所助益。

唐贤兴

目 录

第三部分　治理与国家

致谢

在整个项目中，一些同事非常慷慨地提供了建议、批评与支持。已故的牛津大学纳菲尔德学院文森特·赖特(Vincent Wright)和哥德堡大学公共行政学院的罗尔夫·索利(Rolf Solli)给了我们见面的机会，并对初稿进行了探讨。史蒂文·肯尼迪(Steven Kennedy)和另两位审稿人为本书初稿的不同部分做出了大量评论，这对我们打磨论证是无与伦比的帮助。同样地，1997 年在格拉斯哥郊外的罗斯修道院(Ross Priory)举行的一次关于治理理论的会议及其讨论，很好地激发和鼓舞了我们的工作；这场会议由斯特拉斯克莱德大学(University of Strathclyde)与英国国家经济和社会研究委员会(ESRC)的地方治理项目赞助。

我们也欠了许多同事和朋友的情。他们来自匹兹堡大学、斯特拉斯克莱德大学和哥德堡大学；他们耐心地倾听了我们奋力解释的治理到底是什么，以及为什么我们认为治理很重要。阿姆斯特丹史基浦(Shiphol)机场的荷兰皇家航空皇家贵宾室(KLM Royal Wing Lounge)提供了安静舒适的无干扰环境，使我们乐于思索去改进与本书相关议题的想法。

最重要的是，如果没有谢理恩·彼得斯(Sheryn Peters)和莫尼卡·皮埃尔(Monika Pierre)给予强大的支持，这项学术计划注定会泡汤。

乔恩·皮埃尔于哥德堡

盖伊·彼得斯于匹兹堡

导论：何谓治理？

在20世纪的最后十年里，“治理”(governance)这个概念似乎经历了突然的变化：从含义晦涩不明到成为当代社会科学讨论的中心主题。尽管这个概念被十分频繁地使用，但是它的意思(meanings)和意义(implications)却人言人殊。与较为狭隘的“政府”或“统治”(government)不同，“治理”概念广受欢迎的一个关键原因在于它的涵盖能力——它涵盖了与统治(governing)过程相关的所有制度与关系领域。本书的目的是对这个概念的不同含义进行解释，并阐述对治理的思考如何有助于我们对当今政治世界的理解。虽然我们将讨论治理的各种不同含义，但是本书的重点依然聚焦于政府制定和执行政策的能力，也就是说，政府调控引导(steer)社会的能力。

“治理”这个概念之所以引人瞩目，部分原因在于它将政治系统与其环境连结了起来，并使政治科学更具政策关联性(policy-relevant)成为可能。对治理的思考意味着我们要思考如何引导经济和社会，以及如何达成集体目标。已经产生的争论是，政府是不是对这些目标做出决定的独有方式，或就算政府是承担这些任务的一个有效方式。政府的地位已经被弱化，这迫使我们去思考这样的问题，即：如何强化政府的角色或作用，可选的政治治理模式又是什么。这也表明，国家为应对其国内和国际环境的变化，必须要采用不同于以往的方式。因而，治理不仅解决了一些一般性的问题，而且也为探索比较政治学提供了某种有用的手段。

“治理”虽说在近来才大放异彩，但它实在是一个相当古老的术语。众所周知，早在14世纪的法文中就出现了*gouvernance*一词，尽管很快它被用来指王室的官员，而不是指统治(governing)或“引导调控”(steering)的过程。本书要关注的是当代政府从统治到治理的相关问题，其中根本性的问题是，政府能否继续通过制定和执行政策而成功地统治社会。政府治理活动的中心任务是引导社会，无论是通过直接的还是间接的方式。在数十年前的工业化民主国家中，政府提供这种治理的能力是不证自明的，反而到了 20 世纪末，(政府的)这种能力成为了人们激烈争论的问题。

治理与统治

治理反映的是 20 世纪快速的(如果说不是混乱的)政治发展周期的一个句点。在 20 世纪的前几十年，我们看到了巩固的民主政府遍布西方社会。西欧和紧随其后的美国则在第二次世界大战结束后的初期见证了政治变迁的第二个阶段。那时，政府扮演了一种高调的形象，着手这样的政治计划，即：实施管制，进行经济再分配，或更一般地说，政府致力于在全社会拓展政治范围(Maier, 1987)。而在以“伟大社会”(The Great Society)为标签的美国和以“强大社会”(The Strong Society)为起点的瑞典，则体现为这两个国家增强的政府，尽管这两个国家的背景迥异。具体来讲，这种增强的政府包括大量增加公共服务和福利国家项目的公共支出水平，以及不断增强对市场的政治干预(虽然各国实际干预的程度有着很大差别)。为了实现社会变迁、公正和经济发展，政府被人们视作恰当的、合法的和不受挑战的工具，在这样的时代里，上述这些政府增长就被看作十分自然的事情。

在第三个阶段，最能够说明问题的是撒切尔夫人的英国与里根时期的美国，这期间最大的一个发展和变化是，在惊人的短时间里，他们就有效地逆转了对于政府角色的看法(Rockman, 1998; Savoie, 1994)。如今，政府不再被视为诸多社会问题的解决方案，相反，人们不断地认为，政府恰恰是造成这些问题的根源或原因。通过私有化、放松管制、削减公共支出、减税、货币主义的经济政策、激进的制度和行政改革，以及在公共服务的生产和提供方面引进明显以市场为基础的哲学即通常所指的“新公共管理”等途径(Hood, 1991)，英国和美国尝试从根本上扭转政府过度膨胀的现象，以便让市场在社会中扮演主要的角色。那些接近于英美体制的国家，比如澳大利亚和新西兰，也模仿它们的做法(Boston et al., 1996; Halligan, 1997; Zifcak, 1994)。然而，法国、德国与后来的日本等国，则不太情愿推行这类改革，这表明，不同的政治文化和传统等国家背景性因素，会使各国在有关国家重建(state restructuring)的改革上出现一定的差异。

第四个也是最后一个阶段，可以追溯到20世纪90年代早期之前。显然在这一阶段出现了一些新的政府模式。新出现的政府模式借鉴了有关政府在社会中的角色是什么以及应该是什么的新思想，吸收了有关政府执行其政策项目过程的新观点，并在涉及政府如何被选出及如何被赋予责任等议题的同时，采取了倾向于理想市场的新途径，也就是认为政府在社会中应扮演协调者的角色。这样，20世纪90年代的政治经济在若干方面，与第一次和第二次世界大战之间的时期极其近似，那时，政府在社会中扮演的角色相当公平、适度，即政府既要提供有限度的公共服务，又要被限制不能过度干预市场。

政府、公务员和公民在20世纪90年代提出的关键问题，是在那时的政治气候、经济和财政状况下，民主政府——我们正当地期待能够对它施加一些影响、控制和协调的政府——如何能够扮演那些角色。即使到了20世纪末，很多对政府在当代社会中的本质及其作用的看法仍然是非常传统的。尽管任何理性的、敏锐的观察者都能够觉察出公共部门到处发生着各种变化，但关于政府的传统思维方式仍然根深蒂固地存在着。公共部门依然被概念化地看作高度独立于私人部门之外(在盎格鲁—美国的民主国家尤其如此)，而政府往往被看作有能力轻易地、直接地控制私人部门的内部活动，并认为如果政府觉得有必要，它就能够实施这种控制。

类似的情况是，民主仍被概念化为选举和投票，而人们认为政府在这些选举中具有很大的行动空间。接下来我们将于第7章进一步说明，政府的行动范围在当前的参与机制和日趋浓厚的守法主义(legalism)文化下被限制的程度。如果民主制度在治理中是成功的，那么它们便会去设计能更持续地适应公民参与形式的方法，同时依然有能力为社会提供所需的方向。

同时，还存在这样一个假设，即“好政府”(good government)是指在整个政治单位内为不同的地域和个人提供同样的服务。而权力下放(devolution)和分权化(decentralization)则正使得关于治理的这个假设显得越来越离奇古怪。

最后,关于统治的讨论,首先讲的依然是在国家地域边界之内行使主权的政府,这个政府能够牢牢控制住那些影响其国内政策和制度(例如,国家市场)的国际因素。

然而,关于政府的观点正在发生改变,预算的削减和多项公共服务的取消,为我们传递出了可识别的信号。人们开始重新思考应该期望政府去做的事是什么,以及政府应该如何去做。在本书的这个导论中,我们认为,在对政府的认识上出现的新的思维方式的特征,可以从三个一般性的理念或概念得到说明。首先,在政治和行政界的精英以及很多社会科学家那里,的确出现了聚焦点上的渐进变化,即已经从过去重输入控制(input control)转为重结果和输出控制(outcomes and output control)。这并不是说目前已经不再那么重视制度。过去的几十年里,西方世界经历了为数众多和范围广泛的结构与制度变迁,这说明制度依然是至关重要的。与此同时,英国所进行的权力下放和其他区域性改革措施,以及加拿大尝试通过增加公民参与政策制定和政策建议的渠道所显示的经验,都表明宪制问题依然处于非常重要的位置。但是比起效率和生产力,上述制度形式在公共服务的生产和提供方面的重要性确实下降了。

第二点,关于国家与社会之间的相互依赖关系的看法也发生了变化。此前,政府在社会中享有无可匹敌的地位,明显处于政治权力与权威的中心。确实,国家几乎总是与社会中其他重要的结构存在着某些形式的协商,但是,即使那样,国家的支配地位从未受到质疑。从当前的情形看来,国家继续控制着社会中的某些特别权力,从而发展了其自身的作用,这些权力包括行政权、立法权和实施公共政策。但同时,国家正变得越发依赖社会中的其他行为体。原因正是它缺乏资源来提供公共服务,或缺乏合法性,抑或其所面临的环境正变得越发“难以治理”(ungovernable)。

这种类型的治理问题在20世纪七八十年代开始得到政治科学家的很大关注(Birch, 1982; Crozier et al., 1975; Lowi, 1979)。20世纪90年代的治理问题已不同于20世纪70年代所聚焦的“超载”(overload)问题。“超载”的含义是指政府的持续扩张与其财政吃紧和丛生的诸多问题之间形成了矛盾,这种矛盾对政府来说意味着无法提供有效的治理“工具”。与之形成对比的是,20世纪90年代的主要治理问题,则变成了对于国家中政治和行政部门之间关系的重新界定,以便考虑以市场为取向的行政改革模式。

最后,在第二次世界大战之后,整个西方世界对政府作用的批判逐渐盛行。人们越来越认为公共部门逐渐成为僵化、官僚、浪费和无效率的代名词。至少在20世纪八九十年代,这样的批评是以各种不同的形式和腔调来体现的。在西欧,在福利国家的发展中扮演着领导角色的政治上的左翼政党,受到了保守党和自由党越来越严厉的攻击,它们自己也确实经常发现被置于对立面,这种情绪同样发生在北欧国家、奥地利、德国和荷兰。在美国,里根政府对联邦文官系统及其正在执行的大量项目发起了猛烈的抨击。更有甚者,整个西欧右翼政党的社会和政治抗议,也几乎以前所未有的步伐获得了政治上的支持(Taggart, 1996)。这些类型的政党最有名的例子,包括丹麦和挪威的进步党(Progress parties)、法国勒庞的国民阵线(Le Pen's Front Nationale),以及其他一些国家的民族主义政党。

综合起来看,上述这些情况的发展表明,战后早期的政治准则已经失去了许多选民的支持。20世纪90年代的政治气候显示,公共政策和公共服务在传统政治模式下已丧失效率,且不再受到无条件的舆论支持。即使更为人所熟知的政党重新取得政权,其执政方式也已与以往截然不同。对于这一点,最好的证明是英国的“新工党”(New Labour)。强势国家的鼎盛时期已然离去,我们现在需要思考的是谁能够取代国家来发挥作用。

这些变化着的看法(连同我们后面将讨论的有关国家的实质性变化)已经被民选官员、官僚和社会科学家所欣然接受,但这并不表示这些相当激进的理念立刻获得了所有政治阵营和整个公共官僚机构的接纳与支持。不过,的确显得很清楚的是,对许多这些官员而言,关于政府角色的新看法提供了有助于解决某些尖锐敏感问题的新准则。首先,它有助于重新定义民选官员的角色。根据西方世界公众对政治家日益加重的不满和不信任,重新定义其角色似乎是一个相当紧迫的任务。尤其是,这些新理念强调行动重于口号,实际成果重于承诺和保证,这让政府相信自己有能力对20世纪八九十年代的“时代精神”(*Zeitgeist*)——即市场、个人主义和自由企业——做出回应。

其次,政府和公共部门的这种新形象,不仅给予国家一些更能反映时代特征的新形象,同时也为政府能够进一步削减公共支出而提供某种程度的支持和合法性。就像斯托克(Stoker, 1998:39)所言:“治理让政府节约支出的面目变得可以接受。”在时代潮流中,这与20世纪90年代竞争激烈的厂商所采取的“精简和俭约”(lean and mean)理念并无太多不同。政府部门所塑造的这种新形象,与私人部门采用精简和俭约的企业政策在功能上是相同的。同样地,或许可以将公民参与的新形式视作为传统治理模式全面受挫的一种反应,而这种现象迅速赢得了大西洋两岸的广泛关注(Pierre, 1998b)。

最后,这种政治和政府的新形象清晰地表明,尽管“大政府”(big government)的鼎盛时期已一去不复返,但一些传统的社会功能依然重要,政府仍要维持制度运作的体系,这正是契合于其本身应履行责任的最好体现。这些传统的功能仍与政府的一些核心定义相关联,比如法律仲裁、某种程度上的社会安全与国防等。除了这些基本功能以外,从历史的角度来讲,政府部门对经济发展也起到至关重要的作用。西方国家的政府经常通过市场管制、为私人企业制定基本的游戏规则、发展贸易法规和关税制度等途径来促进资本主义的发展,保护国内产业免受国外的竞争(Polanyi, 1941; Shonfield, 1965)。

这些关于政府的新观点——在社会中角色的变化、并迫于一些内外压力来通过优化自身能力以追求集体利益——正是治理的核心。“治理”这个概念是出了名的模棱两可(slippery),它经常被社会科学界和实践界人士在缺乏共识性界定下使用。确实,即使是这些圈子里的人,对治理概念的界定和解释也是相当有分歧的。在本书中,我们所讨论的“治理理论”(governance theory)或许有些部分也很容易被误解。当前对治理的学术争论,重心仍在于对关键概念的界定。因此,“治理理论”涉及的是一种原型理论(proto-theory),但仍是一系列基础性的观察,需要更为详尽的理论支撑。同时,我们也将探讨各种不同类型的“行为体”(actors)。“行为体”既包括总统、首相和官僚成员等这样的有定形的角色,也包括结构、利益相关者、国际政治体制或政策网络等这样一些无定形的

“角色”。我们并不会对国际政治体制和网络等许多政治实体进行人格化处理。仍需注意的是，这些实体对政策及治理都具有政治影响力。

而且，在美国和西欧，治理的含义存在着一些方面的差异。在欧洲，治理是有关“新治理”(new governance)的理念，强调治理过程中的社会参与；而在美国，治理则更多地保留了起初的引导调控概念。至于对治理的争论，西欧比美国更加活跃；但这并不意味着，美国的治理不如英国和北欧国家那样普遍。最后，如前所述，治理在一些国家已兴起为对政府具有政治吸引力的选项，在国际社会中也变成了一种强势国家的理念。

本书梗概

本书分为三部分。第一部分聚焦于治理的概念和理论问题；第二部分首先从国家的不同制度层面来探讨治理，紧接着分析三种不同的治理模式，或称之为国家在治理角色上的三个剧本；在最后的第三部分，我们将结合概念探讨和实证分析，来阐释世界不同地区的国家发展轨迹。

在第 1 章和第 2 章，我们将从概念和理论的各个层面对治理进行详细探讨。实际上对西方的政治文化而言，治理的一些方面是颇有新意的，同时，在政策规划和执行上，政府依赖于私人部门或第三部门已成为现实与常态。然而，由于以下因素的综合影响，包括国家的财政危机、经济全球化，以及诸如欧盟(EU)、北美自由贸易协定(NAFTA)和世界贸易组织(WTO)等国际制度与国际组织重要性的提高，都对国家的传统模式和强势地位形成强烈质疑。第 3 章将着眼于这些变化，以及它们如何以各自不同的方式对国家构成了挑战。

在第二部分的第 4 章中，我们将进一步探讨国家的传统权力与能力是如何被“自下”和“自上”而来的两股力量所削弱的。“自下”而来的力量是指次国家政府(subnational governments)要求国家给予其更多自主权，并允许其加入海外政策网络；“自上”而来的力量是指各类国际组织乐于不断强化对国家的影响力。

第 5 章介绍三个剧本中的第一个，探讨了国家要重新找回其所失去的部分控制权，而不是屈服于国际和次国家政治的经济压力。历史上，国家在经济中扮演了关键性的角色，这曾通过解决多种不同类型的集体行动问题而实现，而在这些问题中，经济行为体却没有任何动机来摆脱自己的困境（Pierre，1997a）；同时，几乎没什么人会指出，比起以往的资本主义经济，当前的经济形势会更少地被这些问题所困扰。更重要的是，国家依然控制着相当可观的权力和资源，能够加强其对社会和市场的影响。还有，国家能够通过自身的掮客角色（brokerage role）来继续保有对环境的一些控制权。

第6章呈现的剧本几乎与前一章的情况完全相反。尽管国家处于传统认知中的更高层级，而此时，为协助促成公共控制，国家放弃一部分重要职能，且将这些职能移转给国际组织[EU，NAFTA，WTO，东盟（ASEAN）]等。与此同时，各地区也将自身融入世界经济和"全球共同体"（the global community）之中。总之，当允许另外的制度规则增加它们的控制权时，国家处于较为低调的治理形态。

第7章介绍的是第三个剧本。作为国家或政府管控的替代选项，社群主义（communitarianism）和社会资本（social capital）成为关注焦点。这两个模型在20世纪90年代颇受瞩目，其中，人们将社群主义视为政治学理论，而认为经济发展的社会基础理论是社会资本的核心理论。这两项理论重新界定集体的解决方案不再只是国家的事务，而是由自发形成的合作行动来实现，人们认为对于20世纪90年代的集体问题，这种行动方式更具有吸引力、也更合适，因为那时的公共部门既弱又穷，根本无法发挥应有的作用。

最后，在第三部分中将审视现代国家的运作轨迹，来梳理出对于国家力量发生变化的解释。第8章中，我们以历史的视角来探索为何有些国家力量增强，而有些国家力量削弱。治理理论挑战了我们对于国家力量构成的传统理解。一般而言，有着治理意识和理念的国家，并不依赖于其法律和宪法性的能力，而更多的是通过与公共和私人资源开展合作而获取力量。传统的合法的"掌控权力"（power over）已经被情境中的"赋予权力"（contextual "power to"）所取代（Stone，1989；Gourevitch，1986）。这些关于国家力量的可供考虑的替代方式将呈现在第9章中，那也是本书的结论。

第一部分　治理的不同视角

引 言

在许多当代政治与学术的辩论中，治理即使不是一种趋势，也已成为一种潮流。由于其流行速度之快，导致这一概念常常出现含混不清的倾向，即使在近期的论争中也是如此。这就是为什么前两章要对于治理呈现出的不同思考路径进行详细探讨。作为一种分析视角，治理仍在发展中，关于对治理最有利的路径也存在一些极为不同的观点。因此，通过呈现关于治理的不同观点以了解治理的实然面和应然面，这是非常妥当的。

我们所讲的治理路径是以国家为中心的路径（state-centric approach）。我们相信，尽管治理涉及国家和社会之间关系的变化，以及对于强制性较小的政策工具的依赖性有所增加，但国家仍然是重要的政治权力的中心。尤其是，治理脱胎于民主政府模式，在后者那里，国家是无可争辩的权力与控制力中心。因此，我们无法设想比国家形象更好的“标杆”（benchmark），它已被自由民主理论所描绘。基于这些原因，我们主要将治理视为一种过程，国家在其中起着主导作用，有权决定优先顺序与设定目标。

第 1 章和第 2 章将在概念和理论层面对治理进行广泛的分析。第 3 章则把这些讨论置于某种政治情景之中。学术界对治理在 20 世纪末受到如此之多的关注提出了几种不同的解释，本章对这些解释进行了相应的厘定。

我们把治理视作“后强势国家”（post-strong state）时代里追求集体利益的关键。大约几十年前，大部分西欧国家是被强有力的政府所统治，强势政府积极干预经济以实现再分配和社会正义等目标。但现在，那些国家却寻求更为温和的议题，也就是说，原先处于统治地位的国家已被强调赋能授权的国家所取代，治理在很大程度上是通过社会中其他强有力的行为体的协同与促进来推动的。然而，正如之前所言，治理国家和社会依然是一个有着高度政治意味的过程，因此我们认为，国家仍是社会中无法替代的存在，能够发挥政治的和民主的作用。在资源分配中，市场或许是有效率的，但它永远无法像政治行为体或政治舞台那样发挥作用。倘若国家离场，责任政府和民主也会跟着退场。

第1章 | 治理:不同思考途径

治理是一个容易给人带来困惑的术语。它已成为一种伞状概念(umbrella concept),可以用来说明名目繁多的现象,比如政策网络(Rhodes, 1997)、公共管理(Hood, 1990)、经济部门的协同合作(Campbell et al., 1991; Hollingsworth et al., 1994)、公私伙伴关系(Pierre, 1998a)、公司治理(Williamson, 1996),以及世界银行和国际货币基金组织提出的作为改革目标的"善治"(Leftwich, 1994)。而且,还存在着这样一种倾向,即:作为经验现象的治理,同这种现象如何运作以及如何理解这种现象的理论解释,经常被混淆在一起。

由于这一术语存在混淆不清的可能性,我们需要检验和评估多种不同的路径,来思考治理以及当代政治科学和经济学文献中对治理概念的诸多不同定义。第2章将对这些议题进行更为详细深入的讨论。我们这里将要讨论的,是作为结构和过程的治理。我们以历史上和现如今都普遍存在的四种治理结构开篇,包括科层制(hierarchies)、市场(markets)、网络(networks)和社群(communities)。此外,我们也将讨论作为调控引导(steering)和协同合作(coordination)过程的治理,它们在当前的文献中是两种主流的动态视角。

作为结构的治理

我们首先将治理视为一种结构来思考。这就是说,随着时间的推移,对于各种不同的政治和经济制度的一个合理假定是,它们是为了解决治理问题而被设计(或发展)出来的。下面我们将逐一讨论的那四种结构性安排,都是以各自的方式通过为社会和经济发展提供指引来解决问题。每种治理结构在解决一些治理问题上都体现出一定的有效性，但也都存在各自的弱点。而且，每一种“解决方案”(solutions)都会受制于文化的和时空性的条件，因此这些治理结构在某个地点和某个时间或许有效，但它们并不是能解决所有问题的灵丹妙药。

作为治理结构的科层制

通过垂直的整合性的国家结构来开展治理，是民主国家和官僚政府体系的理想型模式。在官僚制领域，至少过去一百多年来，韦伯式公共服务模式一直是大部分西方民主国家的主要特征。这种治理模式在本质上是法治，它并不是要消除公私界限，而是严格支持那种差异。国家——被视为集体利益的缩影——必须严格与社会的其他部分区隔开来，但却以实施法律和其他形式的管制来统治社会，并通过命令和控制将其他组织束缚在官僚体系中。虽然次国家政府享有一定的自治权，但国家从不放弃对它们的法律权威，这种“自治”(autonomous)依然是国家的产物。因此，科层制描绘了国家和社会之间往来的特征，也体现了其内部组织与做法(*modus operandi*)的特点。

当前有关治理的大量文献忽视了作为一种治理模式的科层制。一些批评者声称，在公共服务高度标准化、“福特主义”经济、国内控制性市场以及国家力量无与伦比的时代里，科层制曾经是一种恰当的制度秩序。然而，随着这些因素的深刻改变，科层制必然走向衰落，上述观点也随之成为过去。如今要强调的，反而是更小规模、更灵活、更多样、更加非正式的往来而不是正式的管控，以及国家和市场间的“共享权力”(sharing power)(Kettl, 1993)而不是死守严格的公私界限。

根据这种观点，人们认为西方社会已逐渐扁平化(SOU, 1990:44)。网络将多元行为体整合起来，逐渐兴起为日渐强有力的利益联盟。有时，人们甚至认为这种网络具有足够的势力和凝聚力来承受来自国家的压力，并在其部门内扮演一种自主规制的角色(Rhodes, 1997)。而一些对于此类政策网络的解释却夸大了这些联盟的力量和能力；不过这些网络表明，科层制已无法反映出社会中的力量关系。因此这种论点认为，治理必须由此从另一个社会及政治的组织模式中抽离出来。在一些学者那里，科层制国家治理结构被认为“过于庞大而无法解决生活中的细小问题;同时又过于微小,以至于难以处理大问题”(Bell,1987)。

国家在几十年前就被认为太过衰弱而无法维持其既有的控制力。这种情况部分归因于国家资源基础的缩减,部分则因为国家外部环境的变化。20世纪90年代金融和其他市场的全球化大幅削弱了国家对其经济的控制力。全球化所引发的更准确的本质和范围上的变化,是近来激烈争论的问题(Boyer & Drache, 1996; Camilleri & Falk, 1992; Evans, 1997; Hirst & Thompson, 1996; Scott, 1997)。很难说什么都没变,但假定所有事物都改变了也很容易,所以应审慎思考这个问题。

全球化问题的评论者撰文称,国家已通过发展跨国机制和组织——例如欧盟和世贸组织等——来对市场全球化作出回应,能够有效控制解除管制后的市场(Helleiner, 1994; Mann, 1997; Peters, 1990; Strange, 1986)。然而,由跨国组织掌控的这些举措需要国家在极大程度上的屈从。因此,跨国组织的兴起倾向于与全球化同向用力,与此同时削弱了民族国家的主权和自主性。然而,本书稍后将要讨论到,在面对向上的跨国治理机制和向下的次国家政府治理机制的联结问题上,我们应该更多地把它看作是一种国家重获控制权的战略,而不是一种国家屈从于竞争性治理模式的表现。

此外,国家环境中的许多行为体,越来越不愿遵照国家的利益和目标。此前,国家对于利益集团而言是深具吸引力的目标,最重要的原因是国家掌握着庞大的经济资源。当今的民族国家面临着严峻的经济和财政问题,所以它在许多社会行为体的眼中已不再那么具有吸引力。的确,当前很多社会行为体投入更多的精力用于避免与国家之间的牵扯,而不是像曾经那样努力寻求联结。然而,人们依然认为,在许多经济和社会活动领域,政府依旧是关键的行为体。

最后,那些反对将科层制当作一种治理模式的观点,其基本原则是认为,城市和地区获取更多有效的自主性是以国家的损耗为代价的。在某种程度上,这个过程由国家主导的分权化所推动,并已在大部分先进的民主国家实现,例如法国、美国、北欧国家和荷兰等(Sharpe, 1988; Smith, 1986)。另外,在加拿大的魁北克和西班牙的加泰罗尼亚等地区,民族和文化情感为推动增强地区自治权诉求的实现起到了至关重要的作用(Keating, 1996)。然而,这种观点已经超越了政治权力的扩散,主张次国家政府在“后强势国家社会”(post-strong-state society)中成为最恰当的政治组织形式。

因此,在很大程度上传统智慧变成了对科层制的批评,但是,摒弃作为治理制度的科层制,也是令人遗憾的。这有以下几个理由。首先,许多人声称制度和组织朝向“扁平化”发展——的确,政治生活的扁平化更为普遍——这是一种自发的和有机的发展,它还有待于法律和宪法框架的变化来证实。这些框架同政治与制度的实际行为之间的不符,不可能持续很长时间。

其次,通过科层制的治理,是在我们评估一些新出现的治理形态时进行比较的标尺,由此,我们应该进一步检验科层制在治理上的本质或特点。当前一些有关治理的文献存在着这样一种倾向,即:把传统的治理模式跟政治制度与其社会环境之间缺乏交换这种现象画上了等号,并认为治理就是这样一种新兴的交换形式。我们认为,以这种方式来思考治理问题是不合时宜的。严格来说,治理和政府统治的概念同样古老。所不同的是——这正是本书的首要主题——治理中发生的最新变化。基于这些理由,科层制应该被视为诸多不同治理模式中的一种。在可预见的将来,它不太可能就此消失,尽管它正日益与其他治理结构并行运作。

最后,通过科层制的治理依然会在大量的国家和制度环境中继续发挥重要作用。在英国,国家—地方之间依然保持着竞争性和政治化的关系,中央政府依旧对地方当局施行强有力的政治控制(Goldsmith & Newton, 1993)。工党政府的一些理念倾向于主张更强的中央集权,比如强化审计(Power, 1997)。德国的情况也类似,虽然联邦政府撤销了一些对公共服务的控制,允许地区和地方在较大程度上进行控制(Derlien, 1995),但联邦政府大可以收回它给地方政府的委托权,如果它想这样做的话。在日本,地方政府对所谓的“进步主义”(progressive)和“参与式政治”(politics of participation)越来越感兴趣,因为它们对中央政府的霸权形成了挑战。即使是在斯堪的纳维亚国家——在那里,地方政府和地方自治广泛存在,且在过去几十年里确实在不断扩张——国家还是通过立法权和补贴来维持对地方的控制。因此,在发达的西方民主国家,科层制确实依然在政治和公共组织中扮演着非常重要的角色。可以说，组织和行为体之间的横向网络正在变得越来越重要，但与它们之间的纵向关系相比，横向网络的重要性始终是次要的。

作为治理结构的市场

倘若我们脑内的科层制景象是一种被仓促摒弃的治理结构，那么，关于市场的当代景象则几乎相反。作为一种治理机制的市场，的确相当时兴，以至于人们相信市场能够解决比它可以解决的更多的问题数。人们视市场无所不能，而大政府则并非万能。人们相信，市场是一种最有效的和公正的分配机制，因为它不允许使用政治，那并不是一种最有效率的资源分配方式。

就像我们行使消费者权利一样，市场也被认为可以赋予公民相应的权利。与民选官员——他们或许会、或许不会对他们的选区负责——关于国家应该以何种价格提供何种服务的决策不同，为此类服务而采取的那种市场倾向的情景(market-like situation)则允许顾客直接选择其所需的服务，由此，公共服务最终将依大众来决定。

在治理的情境下，市场的概念有许多不同的含义。对市场的其中一个理解，便是将市场视为一种资源分配机制，或更宽泛地说，就是运用货币标准来衡量效率。在这种理想化模式中，民选官员和管理者都无法积极地进行精细化的决策；相反，决策是在首要政策框架内被作出来的。

治理情景中市场的另一个含义是作为各种经济行为体的一个舞台。在这里，由于市场及其主体的原子化(atomistic)和无个性特征(anonymous)，治理便产生了一个难题。作为经济学理论典型特征的自利(self-interest)是会产生问题的，因为它无法解决所有行为体都面临的，但在逐个解决过程中却无人看得到经济激励的那些问题和需求。这里的治理指的是在没有扭曲基本的市场机制的情况下，经济行为体能够通过合作来解决共同问题的各种机制。

我们必须清楚地意识到作为治理机制的市场(markets as a governance mechanism)和市场的治理(governance of markets)这两者之间的差异。在稍后的案例中，市场中的行为体虽然彼此竞争，但它们也必须共担协调的问题。比如在产业部门中的公司，它们有着共同的协调需求，以便集体控制价格、外部竞争和产量(Hollingsworth *et al.*, 1994)。

作为治理结构的网络

当前人们最为熟悉的一种治理形态便是政策网络。这样的网络在特定的政策部门(policy sector)中由广泛多样的行为体——国家机构、利益团体，等等——所组成。不同的网络因其凝聚程度不同而有着显著的差别，包括从有凝聚力的政策共同体到单一议题(或特定议题)的联盟(Rhodes, 1997)。政策网络增进了公私部门间的利益及资源的协调，进而提高了公共政策执行的效率。

网络绝非只有当代政治生活才具有的新颖特征。在一些特定的政策部门中，由行为体与共同利益所构成的“铁三角”和“政策共同体”，在过去的二十年间一直被持续地报道(例如，参见 Jordan, 1981, 1990)。类似地，国家一直以来在它们的环境中与那些关键的行为体进行着某些形式的持续交易，要么是以利益表达的社团主义模式，要么以其他更为特别的方式。然而，更新颖的——以极端的形式而言——是指据说这些网络已经变得高度和谐且具有凝聚力，以抵制甚至挑战着国家权力。本质上，在它们自己的政策部门之内，它们是自我管制的结构(Marsh & Rhodes, 1992)。

于是，“新治理”下的网络更多的是根据所参与的行为体的偏好来管制和协调政策部门的，而不是顾及公共政策。这种治理会产生几个重要的后果。公共政策将更多地被网络中以自我利益为考量的行动者所塑造，而不是受更大的集体利益所影响。而且，网络会阻止由国家所发起的政策变革，它试图隔离政策部门以免被缩减。另外，当网络有效地控制了政策部门时，公民依然会要求国家对政策部门所发生的变化负责。从这个角度来看，通过分离控制和责任，网络缩短(short-circuit)了民主过程。

网络和国家之间的关系可以被描述成某种形式的相互依赖。从国家的观点来看，网络使相当多的专家意见和利益表达具体化，因而，网络是政策过程中的一个潜在的有价值的要素。不过，因共同利益的结合而形成的网络会倾向于挑战国家的利益。从统治到治理的发展——减少对正式的法定权力的依赖——已经非常明显地强化了政策网络的地位。当代国家面临的一个困境是，一旦国家需要通过网络把社会行为体引入政策项目的参与中来，它便同时要正视那些网络阻隔其政策的情形。

作为治理结构的社群

在过去的十几年里，关于治理的第四个一般模式在社会科学中引发了巨大的争论。或从赋予小社群以社会经济同质性和共同利益的特征出发，该模式提出了这样的疑问，即：是否要求政府从根本上解决那些共同的常见问题。其总体的看法是，社群能够且应该在国家极少介入的情况下处理它们共同的问题。该观点继续认为，照护幼儿和年长者等事务由社区层次上或多或少具有自发性的组织来做会更好一些，也更有效率。从更宽广的角度看，社群主义治理是以社群的共同意识以及社群成员在集体事务上的积极参与为基础的。而国家（或地方政府）则被认为太过庞大、太过官僚化以致无法处理好这些问题。更重要的是，社群主义者认为，原本作为管理政治冲突的工具而产生的政府，现在已经成为造成或助长这些内外冲突现象的根源。因此，对社群主义者来说，政府本身所带来的问题至少和它们要克服的问题一样多。实施没有政府的治理（governance without government），便是社群主义者提出的这一问题的解决方案。

有趣的是，关于治理的社群主义观点同时获得了那些政府太大论者和政府太小论者的支持。就前者而言，社群主义是一种深具吸引力的选择，他们认为，在不同的层次上，由社群成员来解决问题比由政府来做决定要好得多。相应地，对于后者而言，社群主义在某种意义上是将集体责任意识引入社区中的一种手段。社群主义治理似乎不仅可以解决共同的问题，也有助于社区在没有大规模官僚组织孵化的情况下培育出公民精神。这是一种政治理论，据称它已经在国家和市场之间发现了第三种立场，它同时抵制国家和市场这两种治理模式。

社群成员以人道、和谐、文明的方式行事时他们就能达成这种目标，这种观点可能过于田园牧歌式、过于仁慈博爱。并且，我们很遗憾地这么说，在很大程度上就是这样（但是参见 Etzioni，1995）。事实已不断地证明，个体很少会愿意牺牲个人来成就公共的善,而社群主义者则乐意认为个体会那样做。同样,就其所有的共识美德(consensual virtues)而言,在向那些反对某些具体方案的人强加共同意志(common will)方面,社群主义治理的效果是存在问题的。最重要的或许是,社群主义倾向于夸大共识的好处和争议的坏处。大多数地方政治的观察家注意到,不能把那些特定问题上的冲突都看成是负面的,相反,有些冲突却令人耳目一新。我们将于本书第7章中对这一治理途径做更为详细的讨论。

治理的动态观点

上述有关治理概念的四种思考路径强调了结构和制度的影响。其中的假设是:如果你想要达到“正确的”(right)治理,那么,你必须在其产生当初所假定的情景下巧妙运用结构(structures)。而另一个假设是,治理是社会和政治行为体的一种动态结果(dynamic outcome),因此,如果变迁是需要的,那么,应当去观察和处理的,正是那些促进变迁的动力。与结构论一样,这种观点对治理是有洞察力的,同时也留下了一些存疑的方面。

作为过程的治理

治理途径(governance approach)时常被认为更多地聚焦于过程和结果,而不是正式的制度安排。这很大程度上是因为治理(连同它所包含的政治行为及其背景)经常关注结果的变化而较少注意制度层面的问题(Peters & Pierre, 1998)。然而,制度安排依然是重要的,这至少是因为它们在很大程度上决定了国家在治理中实际扮演着何种角色。即便如此,从过程的视角来思考治理还是极为重要的,因为治理不怎么涉及结构,而是更多地涉及结构之间的互动。人们应该认为治理是与构造(configuration)和目标(objectives)都有关的动态过程,即:各种不同行为体的参与和影响会随着时间和跨部门的变化而有良好的变化。

许多国家在改变政策过程时似乎表现出越来越大的兴趣。例如,有一些西方民主国家正在进行新的政策协商模式的实验。这种实验包括:政策协商(policy deliberation)过程中的公民参与,增进对顾问和智库的依赖,以及能让任何人都可以表达其对公共政策看法的网站(Pierre, 1998b)。与此同时,过去十几年来传统的利益表达模式似乎已经式微了,这无疑是国家财政危机的一种结果。基于这些理由,把治理理解为一种动态过程是必要的:我们需要的是动图而不是快照。

作为调控与协调的治理

在政治科学的不同亚领域,很多关于治理的研究文献都把作为"调控"(steering)的治理概念置于分析的中心位置(Pierre, 2000)。在辞典里,"治理"一词源自拉丁文的 cybern,其意思是"调控",与控制科学中的"控制论"(cybernetics)属于同一词根(有关在政治学方面的应用,请参阅 Deutsch, 1963)。将国家视为"调控"社会的观念,一直是各种治理理论的核心(例如参见 Kooiman, 1993, 1999)。但是,这里存在争论的是两个相关联的问题:首先,典型的治理观点认为国家确实依然具有"调控"社会的能力,只不过如今它的权威已经较少以法定权力为基础,而更多因其掌控着关键性的资源,以及它作为集体利益的"格式塔"(Gestalt)*。第二个问题是,国家"调控"究竟能达到什么样的目标?很多治理文献对于是谁在定义治理目标上保持着相当的克制,它们主要关心的是介入治理中的行为体之间的关系。

治理有时指与经济或产业部门之间的协调(Hollingsworth *et al.*, 1994),有时也指政府试图积极"调控"经济的过程(Gamble, 2000)。而不管是哪种情况,治理始终被认为以动态的方式来寻求理解公共的和私人的行为体到底是如何控制经济活动和达成预期结果的。这两种观点都把政府看作能够达成经济成果的核心角色,也把政府看作有助于在全球环境中驾驭现代经济紧张关系的一个重要因素。

---

* Gestalt,音译为"格式塔",意译为"完形",意思是一个整体,不同于各个组成部分的相加,是具有独立部分所没有的特性。——译者注

分析框架

最后,我们可以离开治理的输出导向的观点(output-oriented views),转而把目光转移到严格的知识范畴来理解治理。那就是,治理的存在不仅是"有价值的",同时也是观察政治世界和政府的一个途径。它使得我们把焦点放在所发生的事情及其所发生的方式上。通过这样,治理使政治(学)研究远离了形式化的关怀,并在某种程度上让我们重新回归到拉斯韦尔(Lasswell, 1935)所提出的那个经典问题:"谁获得了什么?"(Who gets what?)

作为分析框架的治理

治理文献中存在的困惑,其一般性根源在于,治理既是作为一种现象,又是作为一个理论或分析框架而存在的。赋予治理这种双重含义,某种程度上是很不幸的。尽管我们已经认识到了这个问题,我们还是得承认,在不同的背景下治理概念有着不同的含义。但遗憾的是,引入某个新的概念来取代两种含义中的某一个并不可行。

治理理论中的分析框架在很多重要的方面区别于传统政治科学的分析框架。在治理理论中,很多与政治制度及其统治能力相关的政治科学假设在表面上并没有被接受。我们认为,权力发挥作用的程度在很大程度上是一个情景问题。尽管政治科学对政治权力有着天然的兴趣,并假定这些权力完全取决于政治结构,但治理理论则更谨慎地把政治权力看作统治的基础。在治理中,影响力(leverage)通常源自企业家精神(entrepreneurialism)和政治技能。

治理的重要性

本书所描绘的治理轮廓聚焦于国家:国家在治理中扮演的角色,治理是如何产生的,以及治理在不同方面对国家所形成的挑战。分析视角的选择并不是武断的。我们之所以采用国家中心说的分析模型,是因为尽管国家不断受到负面评价，但它依然是社会中的关键政治角色，并且是集体利益最主要的表达者。我们相信，在迈入第三个千禧年之际，国家的作用并没有削弱，而是正在经历转型——从它以宪法权力为基础的角色，转向以公私部门资源的协调和融合为基础的角色(Evans，1997；Payne，2000)。

而且，持续进行的全球化进程对传统的国家模式构成了挑战，但这并不必然是对民族国家的威胁。在各种挑战面前，国家已经证明它具有惊人的抗压性与创造力，这些挑战例如有财力限制、强大的利益集团抗争，或者甚至是政治抗争，以及合法性危机。随着市场日益全球化，我们应该可以预期各种形式的跨国合作正日益变得越来越重要。作为对其外部环境变迁所作出的一个反应，国家的重组过程几乎与国家本身一样古老，我们想不出任何理由说这种过程为何不会再持续下去。

然而，最为重要的是，我们认为，为了能够充分理解治理的本质，以及它对社会中已有的权力和控制的结构与过程所产生的影响，我们必须赶在这些挑战出现之前从当前事态出发。否定国家作为政治权力和财政资源的来源是危险的，我们已经讨论了这一点。要理解治理的原因和结果，需要某些类型的"基准点"(benchmark)来评估这些变迁。这些分析中最显而易见的"基准点"，就是大家优先把当前兴趣集中于治理上。

国家角色的这些转型是政治科学家们的一个重要研究问题。从治理的视角来考察国家，有助于我们理解新的或正在产生的国家角色。在可以预见的未来，治理的不同形式或模式，将会比其他的可选形式，比如正式的、宪法的权力，更具有追求集体利益的特质。由"统治"向治理的渐进转型同时在国家内部(例如参见 Peters & Savoie，1995；Peters & Pierre，1998a)和国家与社会环境之间(Rhodes，1997)产生重大的影响。本书的目的在于激发我们对这些相关变化的思考，以及思考我们如何更好地理解这些变化。

过程与结果：作为自变量和因变量的国家

诚如前文所述，本书是从国家中心说的视角来探讨治理的。有人或许会反驳，假如治理的某个被定义的特征是贬低国家在追求集体利益中的作用，那么，聚焦于国家是一个令人尴尬的研究途径。然而，为了理解我们所见的、正不断涌现的各种治理模式中国家所扮演的角色，以及抛弃国家在这种治理中所扮演的领导角色之前，我们必须对国家所发挥的历史作用有一个更加清晰的认识。国家中心说的研究视角允许我们把国家看成既是自变量也是因变量。至少以实证主义的语言来说，我们既可以把国家看作可用来解释治理的一束要素集(a cluster of factors)，也可以观察这些新涌现的治理模式如何影响着国家的方方面面。

实际上，在第一种视角下，关于治理中的政府角色构成了治理的最关键方面。国家在治理上的角色可以多种多样，从关键的协调者到数个强有力行为体中的一个。的确，我们能够想象国家角色几乎不存在的治理过程。另外，正如我们在稍后几章里将详细讨论的，在很大程度上，国家从其在社会中所扮演的历史性角色和国家的制度性力量中获得了其在治理中的重要作用。

国家在治理中所扮演的角色受到许多因素的制约，例如，特定政策部门管控(regulation and control)的历史模式，在维持控制中的机构利益，治理所要求的合法和政治权威的程度，以及社会组织和网络的力量。国家在治理中所实际担当的角色，通常是国家想要扮演的角色和外在环境允许其扮演的角色之间拉锯战(tug-of-war)的结果。在关于治理的政治经济学文献中，我们可以发现市场部门坚持自我管制的一些例子，以及在对产业部门的治理上，公司组织间如何基于共同利益而使国家的存在最小化(Campbell *et al.*, 1991; Hollingsworth *et al.*, 1994)。类似地，网络治理路径增强了合作网络的能力，从而避开了政策部门治理中的国家利益(Marsh & Rhodes, 1992)。

另一个研究策略——视国家为“因变量”——提出的问题是关于治理的出现如何改变国家的权力和能力。对各种方式的公私合作项目的日益信赖，或者对种种志愿者团体与次国家政府的联合行动的不断依赖，或者由跨国治理形态所造成的种种挑战，都给国家的制度安排以及这些制度的运作带来了极大的压力(Kooiman, 1993)。这主要是因为政治制度明显受到了“程序正义”(due process)的约束，以及无法像企业部门那样可以轻易地调动财政资源。虽然公私伙伴关系的目的明确在于赋予制度以这种自由裁量权，但是，这经常也成为人们反对这种伙伴关系的理由（Keating，1998；Peters，1998d）。这样，尽管公私伙伴关系或许是一种在与其环境社会之间的契约关系中增进国家地位的可行途径，但它也会反馈到国家机构之中，并引致“程序正义”和弹性需求之间的紧张关系。

为了使国家能够开展不同类型的治理，公共部门很多命令和控制的传统模式应该被更宽松和分权化的管理模式所取代。而且，在过去的几十年里，大量西方民主国家都广泛地推进分权化项目，这已经被证明是非常有助于促进地方治理的。即使那些传统的假设已经松动了，我们也应铭记国家仍然是无法忽视的行为体。①

显然，无论我们选择何种观察国家的视角，很清楚的一点是，当我们随着时间的推移对它进行观察的时候，我们必须结合两种治理途径的元素。在相当程度上，以往的治理如何对国家及其制度产生了影响，决定了国家在未来的治理中所能够扮演的角色。

---

① 原书此句不完整。——编者注

第 2 章 | 治理:概念与理论视角

本章将详细阐述治理概念的特征,尤其是社会科学中与本主题相关的各种理论视角。除了详述概念本身外,对现有文献的综述将辨识出一些解释观察治理的变量。我们会很清楚地看到,关于治理有着很多各异的观点,而这些恰是学者们所关注的主题。正因为有那些分歧,当人们开始以治理这个术语来进行讨论时,对它们进行认真的厘清和界定着实是非常必要的。

然而,关于治理有几个非常基本的问题,它们往往会出现在一些不同的情景中。其中一个问题是,政府在治理中的角色和市民社会在治理中的制衡力量。一个与此相关的问题是,把民族国家看作治理的核心是否依然是合适的,或者说,在一些政策领域中,全球化和国际机制的增长是否应该被视为治理的核心问题(Rittberger, 1993; Krasner, 1983)。另一个与此相关的问题是,在形成治理的过程中,社会的治理力(governability)与政府自身的统治能力(governing capacity)是不是一样重要?最后,我们需要知道,如果政府确实有能力这样做,它是如何治理的。如果它没有能力,那么,社会和经济又是如何被调控的?或者,我们愿意允许这些或多或少是非结构性的力量(unstructured forces)来进行支配吗?这些都是不简单的问题,因为它们已经触及了政府与社会关系、政府与公民个人关系的核心。

政府在治理中的角色

"政府"(government)和"治理"(governance)两词,虽然词根相同,但没有必要也不应该被视为同一个东西。政府在治理中所扮演的角色是一个变量,而不是一个常量。而且,正如我们将要指出的,有些治理模式是以国家为中心的,有些却更多的是以社会为中心。但是，当我们理解政府和国家在治理中的角色时，宁愿把它们看作一个连续统一体，而不应持截然对立的两分法观点。在这个连续统一体中，不同的政府和不同的政策领域处于不同的位置上；而需要加以分析理解的主要问题是，为什么会存在这些差异，它们对治理的有效性产生了什么样的影响。

有一个趋势是讨论非政府行为体在治理中的影响力看来已经颇有影响力，这是一个与过去的传统很不相同的变化，而且某种程度上的确如此。不过，有人认为，针对昔日或多或少用绝对控制的方法来进行统治的政府，人们也很容易高估它的能力。特别是，第二次世界大战后西方国家貌似强有力的政府，从历史的角度看可能是一种畸变形态，这个时期的政府并不是虚弱的和备受约束的。举例来说，虽然全球性市场的发展被认为削弱了政府的能力，但是，当前的国际贸易水平实际上只恢复到第一次世界大战之前的水平（Hirst & Thompson，1996）。这的确是事实，即资本的自由流动程度比过去大大提高了，但在某种程度上，资本仍然是国家的。由此看来，与国家依然维持着关键性的角色相关联，人们已经看到的这些方面的差异，更多的是程度上的，而不是性质或类型上的。

某种程度上，对非政府行为体在治理中的角色认知，就属于那样的情况——这是一种对在一些时间里发挥着作用的这个重要模式的认知。大部分持国家中心说的分析者发现，他们很难否认国际力量在如今的国家政策中所发挥的作用。无论如何，他们也必须接受这种作用长期存在的事实。自第二次世界大战以来的数十年间，英国政府致力于维持英镑作为强势货币的努力，这只是许多国际经济影响国内政策的一个例子（Brittain，1975；Stephens，1997）。

没有分析者能否认过去数十年里（也许是几个世纪里）利益团体在治理决策上所发挥的作用。例如，19 世纪的美国，一些早期的经济管制手段参照的是"格兰吉法"（Granger Laws）* 来执行的，该法集中体现了早期农业利益集团的

---

* "格兰吉法"，又叫作"格兰吉判例"（Granger Cases），是美国普通法最早规制垄断行为的尝试。美国南北战争前后，与经济快速发展同步起飞的铁路业不断出现强大的垄断势力。为了降低农业成本（农产品的铁路运输成本），一个名叫奥利夫·凯利的人在战争结束后的第二年将农民组织起来，发起了格吉兰合作运动。由于担心农民闹事，各州政府陆续制定法律，限制铁路的垄断行为。铁路部门遂指使仓储主和升降机租赁商在联邦法院提起诉讼。1876 年，美国联邦最高法院对穆恩诉伊利诺案做出裁决，认定州政府有权规制公用企业。该案与其后另外 5 个判例被统称为所谓"格吉兰法"。——译者注

利益。我们现在有更好的方法来确认和概念化这些非国家行为体的角色，但事实上，这些行为体在社会科学家们使用适当的词汇来理解它们的活动之前，就早已有相当影响力了。

从本书所倡导的视角来看，治理概念的采用正可让分析者更好地理解非政府行为体在产生政策结果上所起的作用。正如政策执行框架（Pressman & Wildavsky, 1973）能让研究者更清楚地确认出实际的政策结果是如何偏离那些政策“设计者”（formators）（Lane, 1983）的原意那样，治理视角也可以促使分析者们思考：来自政府中心的完美控制看起来是什么样子，如果它确实曾经实现过的话。脑海中有了这个几乎是“理想型”的模式，我们接下来拷问，到底是哪些根本性的因素导致（政策结果）偏离了中央集权调控的模式。而偏离的程度是依国家、政策领域和特定事务等情况的不同而有所不同。

因此，“治理”既是一种有用的描述与公共政策的发展和执行相关的大量活动的方法，同时也提供了一种极其重要的分析视角。它提供了一种可用于比较结果与实际政策的标准。那种标准可能有点不切实际——就像任何理想型模式的那样——但是它确实给研究者提供了开始进行分析的场所。我们能够辨识出一种由“政府中枢大脑”（central mind of govemment）（Dror, 1986）所决定的治理过程看起来应该像什么样子，然后我们能够看到国际的、政府间的或社会的压力在何处已经迫使预期的模式发生偏离。我们认为，以这两种外在压力类型为起点来评估治理过程的结果，并没有提供任何对这个系统的绩效的比较的标准或预测。

我们已经提出，政府在治理行动中扮演着主要角色，但是，那究竟是什么样的角色呢？首先，我们认为政府的角色为治理提供了一套行动目标。政治过程的一个传统定义（Easton, 1953）是“为社会进行权威性的价值分配”。根据这个观点，政府能够做的最重要的事情是从社会中获取所有有效的（但冲突的和昂贵的）需要和需求（见下文），并将这些需要和需求转化成一套或多或少连贯的、有条理的政策声明。当然，也总是存在政治上的问题，而且政府在跨政策领域上所做出的选择鲜有一贯性和协调性（Peters, 1997b, 1998b）。然而，在每个政策领域之内，确实或多或少还会表现出存在着一套清晰的关于什么是“好”政策的思想。

指出下面这一点是很重要的:更多无组织的行为体(amorphous actors)以某种方式参与到治理中来,包括国际市场和网络,要对这些不同类型的观点的优先性做出清楚的表述是困难的。在市场中,协调机制是源自所有参与者的自利而形成的那只"看不见的手"。相似地,网络途径倾向于要么通过约束网络中有着共同价值的团体和个人以化解冲突(Dowding, 1995),要么提供有限的手段来解决冲突。尽管政治具有妥协机制,但其在本质上是冲突性的,有明确的胜出机制。因此,如果我们想要理解治理,我们就需要先了解政治过程中处理冲突和形成决策的方式。

为了深入理解治理,我们还必须了解政府是如何执行它做出的决策的。要重申的是,有关政策执行的研究文献在此已做了一些必要的工作,指出了跟踪政策和项目效果的必要性,以发现它们影响社会的最终效果,以及判断政策的表面目标是如何被更好地达成的。治理视角进一步更直接地将其一系列的关注点跟决策和政策规划的过程联结了起来。在治理中,所有这些构成要素都被视为是同一个整合过程,而不是分离的政策方面或阶段。

进一步说,治理的视角认为没有必要把这个过程中的每一个点概念化为"决策点"(decision point)或"否决点"(veto point),而是期望采取一种更具共识和合作性的视角,并思考如何以更具创造性的方法来排除潜在的障碍。比如,艾德丽安·赫蒂尔(Adrienne Hertier, 1998)审视了欧洲政治中的很多潜在障碍是如何在例行程序的基础上通过更具创新的治理模式来加以克服的。又比如,沙普夫(Scharpf, 1988)所说的被看作有效决策重大障碍的"共同决策陷阱"(joint decision trap),似乎在这个分析中被很容易地解决了。

那么,从总体上来说,治理真的与政治科学完全不同吗?或者跟比较政治学研究相比更为特别?然后,我们又能从这个术语的使用中获得什么呢?这个问题的一个答案是,运用治理视角突出强调的不仅是通常与公共政策制定相关联的制度互动(Jones, 1984),它同时也指社会与治理之间的关系。而且,在通过政治过程为社会选择和追求总体目标的背景下,治理实现了这些方面的联结(linkages)。一般的比较政治学也能在一定程度上做到这些,但它倾向于将重点放在政治系统的输入面(Dalton, 1996)和过程的构成要素上,而不是聚焦于把过程当作一个完整的行动模型,这就削弱了它自身审视治理全貌的能力。

社会的角色

在治理过程中,社会发挥着补充的和偶尔是竞争性的功能。社会成员的明显角色是向政府表达他们的"需要和要求",并通过政治过程施压政府采纳他们自己的议程。当然,公共部门的参与者自身对于政府应该做什么并不是没有想法,关于"实际优先权"(real priorities),每一个机构也都有它自己的看法(参见 Seidman, 1998)。这种社会需求与内部机构的优先性和看法的结合,有助于塑造政府的和治理的议程。

社会也在治理过程中发挥着其他方面的作用。我们之前在讨论政策执行过程时曾提出,社会也能成为政策的主要执行者,就像政府自身那样。政府利用社会中的组织来落实政策项目,有着好几种不同的原因,不只是因为如果这些团体从事了执行活动就会节约政府成本,同时也是为了让公共部门少进行干预。而且,通过社会团体来执行政策,能让政府利用这些团体中的专家来做出更好的决策。最后但不是最不重要的是,让这些社会团体参与政策执行也可借此吸纳他们,以减少这些团体成员对政策的反对。

这些不同的角色也会产生一个基本问题,即社会本身的"治理力"(governability)程度问题。世界上最有效的政府可能是那种其所面对的社会天然难以相处但不利后果却很少的政府。比如,法国政府在过去几年里被视为施政技能很出色,其延揽的成员是社会中的"杰出精英"(best and brightest),且有良好的组织能力(Ashford, 1982)。但另一方面,法国政府在过去几十年来所面对的却是一个滋育*无公民品质*(*incivisme*)至极端的社会(Seigfried, 1940; Tilly, 1985)。这种情况的实际结果便产生这样一个政府:对于日复一日的基本工作可以做得相当好,而一旦要面对重大的挑战,它通常却是失败的。

治理力问题目前在那些低度发展的社会越来越普遍。经常引起的争论是,治理(特别是民主治理)必须以某种恰当形式的市民社会的发展为基础,而不是依赖于政府自身的行动(Putnam, 1993; Gyimah-Boadi, 1996)。因此,人们如果想要提升政府的调控和管理能力,最重要的则是加强社会中每个环节的自我治理能力。普特南(Putnam)研究认为,社会团体是否发展了这样的能力,实际上与政治毫无关系;重要的是要产生组织能力、追求利益的行动,以及超越家庭的认同感。

国家与社会之间的联结

关于这个问题,我们已经以较为一般性的术语讨论了社会以及国家与社会之间的联结问题。然而,我们应该考察一下这些不同的联结模型,并检视这每一种模式对于治理的含义。而且,我们必须小心地把这些模式的模型与现实中的关系区别开来。对现实状况的理解不是为了比较这些模式的基本差异,而是一种用以描述这些关系的知识工具。也许在这一点上网络模式尤为如此,几乎与其他任何模式一样,十分含混。

关于政府与社会之间的关系,有三种一般性的模式主导了这个主题的讨论,即:多元主义(pluralism)、统合主义或法团主义(corporatism)和统合多元主义(corporate pluralism)。每一种模式都包含了它自己对治理的观点,而且每种模式都或多或少与其他不同的关于社会—政治互动关系的解释存在某种兼容。这些模式如今已经变得相当老旧了,但是,在特定的治理情景下对它们作一个简要的讨论也许仍然是有意义的,以表现出与只讨论其作为结构化输入政治体系的机制这种通常做法的不同。

北美人眼中最熟悉的国家—社会互动模式是多元主义,它假定政府会相对较少地直接卷入利益集团之中(Dahl, 1961) 。与此相反,政府会建立一些利益集团可资进行政治斗争的活动场域,并订立一套关于如何进行决策的"游戏规则"。在这一理论立场下,没有任何一个单独的利益集团能够取得完全的支配权,但所有利益集团都有相对平等的机会来赢得任何政策议题。而且,利益集团可以相对容易地、不受惩罚地按自己的意志自由地进出政策过程。

多元主义模式与传统的自上而下的治理观念有着相当的一致性。在这一观点下，政府相对地独立于利益集团，因此能够选择或多或少让利益集团之间一决雌雄。当然，这些利益集团对政策仍有部分的影响力，但其影响力并不是制度化的或正式化的。就像利益集团进出政策过程，政府对它自己想互动的利益集团也一样能够挑三拣四，并且也能在与社会互动的过程中高度选择性地运用其权威来进行决策。确实，这种看法最符合传统的治理观念，它把社会看作高度缺乏组织化和凝聚力的且对政策几乎不能产生系统影响的一组利益团体。

相比前文所述的多元主义，统合主义模式假定国家与社会之间联结要密切得多，利益团体与政府之间也存有某些正式的交易（Schmitter，1974）。在统合主义模式中，特定的利益集团被赋予了某个合法的角色来代表它们自己所属的经济或社会的部门。虽然统合主义有着很多不同的类型（Cawson，1986；Lehmbruch，1979），且各种基本的模式都有各自差异化的诠释，但根本性的一点是，只有非常有限的一些行为体才能够参与到游戏中来，而且它们的行为必定与国家的权力紧密地结合在一起。

尽管统合主义模式或许对于社会具有更大的影响力，且与自上而下的治理概念更少具有共同性，但是，这一模式以某些途径强化了国家的角色。通过限制可以参与决策的社会行为体数目，且紧密地把这些利益集团与国家捆绑在一起，国家的决策能力得到了加强。在这一模式中，国家也许看起来失去了一部分自主性[如同卡赞斯坦（Katzenstein）所描述的“半主权国家”]，但社会行为体在很多方面甚至失去了更多的自主性——它们被有效地收编进国家的领域之中。

最后，统合多元主义模式如同其名所示，介于前述两种模式之间（Rokkan，1966；Olsen，1987）。这一模式的基本逻辑是，和多元主义一样有许多行为体参与；但是，与统合主义的假定一样，这些行为体被赋予了影响公共政策的合法地位。人们在挪威，以及某种程度上在其他北欧国家那里所看到这一模式，是大量的利益集团通过咨询委员会、请愿团体，以及各种其他的参与机制参与到政府中（Micheletti，1994；Olsen，1987）。这些团体作为政策过程中的合法参与者是被正式认可的，而且它们一般会与公共部门中的正式行为体（特别是政府各部门）建立起稳定的互动关系。

国家与社会的统合多元主义模式更为相近于所谓的“没有政府的治理”(governance without government)范式，但事实上它的倡议与这样的途径绝不相同。这一基本途径是，将这些利益集团当作通过国家制度的治理手段来使用，而不是将其视为那些制度的替代物。因此，统合多元主义结构是治理过程的输入装置或工具，或者可能是政府执行政策更便利的工具。进一步说，这些结构促使在政策过程中的参与者去面对彼此的需求，并针对治理核心的优先方案和协同行动开展谈判。

变革中的模式

虽然上述模式在政治科学文献中已经根深蒂固，但也出现了一些新的模式，尤其是源自网络基本模式的各种衍生模式。我们可能需要另一部著作来对这些其他方法中的每一种进行详尽的描述。然而，在这一情境下，考虑不同的利益集团结构对政府操练调控能力所可能产生的影响是很重要的，就像治理中其他更为人熟知的模式一样。

在网络家族的各种次级模式中，它们最重要的差异表现在社群和网络的差异上。社群模式假定参与者之间具有高得多的一致性，而网络模式中参与者的互动关系则更为形式化。虽然这两种模式都倾向于假定参与者彼此间具有某种相同的看法，但社群途径倾向于假定成员间具有高度的价值共识。比如，“知识共同体”(epistemic community)(Haas，1992；Zito，1998)的说法假定有着共同的科学或专业背景的群体所形成的社群，与其他团体形成的社群有着十分清晰的差异性。

网络的另一个重要特质，在于它们涉及政府行动者的程度。由于治理过程不断涉及公共部门行为体的分权化和去中心化问题，因此，如果要形成连贯一致的政策规划和政策执行的话，那么，这些行为体需要直接参与到这个过程中来。国家—社会关系的传统模式(甚至统合多元主义)把公共部门机构置于支配性的地位，它们决定谁可以参与决策，和/或谁是政策的最终决定者。然而，在网络模式中，政府被概念化为更为不同的另一个要素，它只是复杂的互动模式中的要素,或构成要素。总之,在规避或逃避政府可能地命令的网络模式中,国家机构的角色能力确实是次要的。

国家和社会是相互联结在统治的过程中的。它们一直以某些不同的方法联结着,比如以我们政治科学家概念化这些关系的方式,以及这些概念化了的关系反过来又影响我们对治理过程的概念化方法。特别是,以更具无组织性的网络(amorphous network)对这些关系进行概念化,意味着治理也成为某种更具无组织性的东西,而就是这种模糊性反过来让治理的效果大打折扣。至少,这使治理的分析变得更难了,因为无法提供明晰的结果预测。

治理理论

治理是一个很有用的概念,不只是因为它足够模糊且包罗万象,以至于被认为可以容纳各种不同的途径和理论,即使有些理论之间甚至是相互矛盾的。虽然这些途径的确包含了一些提供引导经济和社会活动的一般性理念,但是,人们看到在此产生的这些不同的途径,意味着当有人说他或她采用了一种治理的视角时,这是讨论的开始,而不是结束。在这点上,我们应该去认识不同类型的治理途径的重要性,并相应地指出它们的强项和劣势。

传统权威

国家中被合法授予的"自上而下"权威的传统观念,是考察治理理论的出发点。简单地说,政府作为公意的、或王权的,或被假设为权威来源的合法体现,是这些模式中唯一可能的治理根源。法律和强制是这种治理型态的工具,而削弱政府权力的企图必然被视为不可接受的对国家权力的篡夺。确实,在一些威权国家的观念中,即便是利益集团或政党试图影响政府的行动也接近于非法。这种想法更为极端的模式,便是法国一些雅各宾思想的看法,以及一些像麦迪逊这样的美国宪政论者,虽然他们有着相当不同的理由。

这种传统威权式的统治立场是与前民主政权(pre-democratic regimes)相关联的,无论是在18世纪的欧洲,还是21世纪初的发展中和转型中的社会,都是这样的。这种层级制的治理观点也是共产主义政权的一个中心点(见下文),认为在发展的那个阶段应该实施“无产阶级专政”。有一些层级制论者(Hood, 1998)认为,即便像英国这种带上宪政规范色彩的国家,也存有“王在议会”(Queen in Parliament)这种权力不受节制的观念。比如,在罗兹(Rhodes, 1997)和其他学者(Saward, 1998)那里,其与“新治理”(new governance)的发展相关的考虑,就是一种深深根植于大多数威斯敏斯特体系中的国王(和政府)权力的观念。

除了这些广泛的问题与政治制度相关,自上而下的传统观点也与统治的合法性观念相符,至少部分是这样。例如,在德国式的传统中,法治国(Rechstaat)系统将国家的角色放在最中心的地位,这假定接受了法律,且政府通过法律进行统治的能力极少遇到抵抗。但实际上,这种来自上面的统治自由依然是受到约束的:既被宪法所约束,也被社会中具有合法参与权的利益团体所约束,国家因此只是“半主权”的(Katzenstein, 1987)。

自上而下的视角或许与欧洲小国家的治理模式较少具有兼容性,因为这些国家具有妥协、联盟及冲突管理的历史传统,因此,任何试图采取集权统治的做法都会受到质疑。而且,中央集权的观念与联邦制国家或权力分立的总统制国家是不能兼容的。因此,尽管它有可能是知识和分析的出发点,但我们需要去思考,大多数中央集权的有效控制形式只是一种例外,而非真实政治生活中的规则。

连续自创生(autopoesis)与网络调控

有另一种观点与权力属于国家这种假设处在权力连续体中完全相反的端点上。这种观点见诸欧洲传统的社会学文献中,它认为,相对于社会,政府的权力正在日渐消失。这里的论点是,社会和市场已经提升了其自我组织的能力,并有能力躲避政府控制它们的任何企图。这种自我组织化的权力在荷兰这样的社会尤其明显。荷兰有着丰富的社会组织化的经验,其政府也有迁就社会利益的历史传统。

这一途径确实运用了此前提出的“调控”概念,但却是在政府无力进行独立调控的情景下使用的。政府能够调控的程度,必须是一种"保持距离的调控"(Kickert, 1994)。在这一观点下,这个名义上合法的行为体大部分所能够做的,是建立一个行动框架,以便让自治性或高或低的社会和经济行为体能够从中追求它们自己的目标。在这里,政府也许具有一些影响力,但从中央几乎不能或没有对社会直接治理。

另一个对权力和社会在治理中的重要性的思考途径,存在于"市民社会"的文献中。罗伯特·普特南(Robert Putnam, 1993)认为,如果有一个强大的市民社会来支持其行动,民主的治理便会更加有效。一个强大的市民社会对于治理的民主方面也许是最为重要的,但对于过程的有效性来说,也未必是不重要的。例如,强大的社会组织能够被用来开发伙伴关系,以及提供通过政府可以运作的基础设施(Pierre, 1998a)。然而,在这种视角下,市民社会中的结构与政府之间不是相互竞争,而是互补与合作。

对这种治理的自组织途径提出的明显批评是,政府建立了一些基本的界限,市场甚至社会团体只能在这其中运作。在没有法治和清晰的财产权界定的情况下,市场无法存在,苏联集团解体之后,东欧国家的经验已经很清楚地证明了这一点。类似的是,虽然很多社会团体独立于政治和政府,但是,对很多团体来说,影响政策的机会就是证明它们存在的正当理由,而其他的团体若没有公共部门直接或间接的支持,则根本无法生存,比如慈善机构是免于税赋的。在合法的界限和来自社会中自治行为体的压力之间,或许存在着实质性的互动,但是,人们很容易低估国家行为体的影响力,由法律来创造让社会团体发挥作用的空间的程度也同样被人们低估了。

控制论与调控

在治理框架内思考调控过程的另一个途径,是控制论过程(cybernetic process)。这就是说,我们可以用系统论的术语把参与治理决策过程的机构组织概念化,并认为它们对环境存在着高度的回应。在这一视域下,政府(或可能还有其他的公共组织)将对环境的变革做出回应,并试图根据某些关键指标进行调节以维持某种类型的平衡。这非常类似于一座建筑物,通过恒温器调控建筑的温度，并尽全力保持恒温。控制论和治理有着同一个词根，因此，将两者联结起来似乎是同一个逻辑过程。

卡尔·多伊奇（Karl Deutsch，1963）曾经提出一个政府的实体模型（full-scale model），将其视为一个控制系统。他认为政府应该努力成为更具控制性的以及对环境更具回应性的系统。这里隐含着这样一个假设，即：如果政府能够较容易地提升信息处理的能力，那么，政府确实能很好地调控它自己和社会。多伊奇此后投入了大量的科研时间，致力于开发出可以支持他治理模型的指标体系。

很多批评者从经验和规范的层面对控制论的政府概念提出了质疑。首先，经验上看，既存的社会指标是否也能够像我们前面举出的恒温器调节的例子那样具有信度和效度，存在着大量的疑问。社会指标的运用已经取得了很多进展，但如果与控制论中的工程数据运用的模式相比，那还是属于很初步的阶段。而且，政府搜集和处理这些资料的能力是否足够和及时，将会制约政府的控制能力。举例来说，比起我们有关于社会—经济生活其他方面的指标，我们拥有更好的经济指标。但是，即使如此，我们往往也得在实际情况发生数月后，才知道GDP的增长水平或通货膨胀率或其他状况。如果用控制论的语言来说，系统存在着很大的"滞后"（lag）。此外，虽然也有一些"先行指标"（leading indicators）用以反映经济状况，但它们与事后（*es post*）经济指标相比，在效度和信度上仍有所不及。

在规范意义上，对控制论思想的质疑和反对，至少与经验论思想一样强。在此，规范观点认为，控制论模式太过于倾向维持现状，尤其是把均衡和维持均衡置于该模式的中心。所有这些反对意见中最明显的观点是——这也是社会控制论文献的中心思想——就像人们用恒温器可以看到的那样，现实中存在的实际上是运动的或动态的均衡，而非单一的固定不变的均衡价值。尽管有过相应的修正模型，但该途径依然被批评为太过考虑稳定性，对当前世界的决策和治理的理解也太过机械化。

在批评该模式的自我平衡（homeostasis）的同时，也有人批评这种决策模式缺乏对目标的追求。在控制论的视域下，所追求的目标首先只是恢复到原状

(*status quo ante*),或者换句话说,回到某种先于干扰而存在的稳定状态。在这个意义上,调控几乎是微乎其微的。倘若放到动态平衡的概念之中,控制论的视角还是有些用处的;在那里,在系统其他的限制性因素作用下,某些追求目标的行为提供了一些均衡,从而系统得以维持。可是,纵然有这样的解释,治理的调控理念似乎仍然从属于均衡观念,因此,控制论也并没有提供更多的东西。

政策工具

思考政府如何调控社会的第三种路径,是对政府可自行使用的政策工具的探寻(Salamon & Lund, 1987; Hood, 1984; Peters & Van Nispen, 1998)。该视角一般假定政府能够治理,并进一步认为政府能最有效率、最有效能地进行治理。而且,一些学者所写的政策工具的文献也考虑到了工具选择的政治后果。在当前的政治环境中,这个政治因素首先意味着政府将选择介入性最小的政策工具(Woodside, 1998)。

工具途径的基本观点是,政府所选择的治理手段不仅影响到政策领域的结果(outcome),也会对经济和社会带来很多间接影响(secondary effects)。工具的选择还会对政府自身产生影响。有些政策制定者具有偏好特定政策工具的倾向,例如,律师偏好管制性的工具,而经济学家偏好于市场化工具,即使他们所运用的工具未必是最为适用的。那些经过某种形式的演算,从而为政策问题找到相匹配工具的,才是所必需的政策工具,而这一点,人们在现有的研究文献中尚未看到。

与上述两种治理途径不同,工具途径似乎并没有就国家与社会的关系问题刨根究底。相反,它认为这里存在着的是这样一个政府过程,即:政府为政策目标而进行选择,同时就可资用来执行这些目标的工具进行选择。通过这种方式,工具途径把治理同政治科学中更广泛的公共政策研究主体和公共行政联结了起来。治理在很多方面就是政府的决策及其付诸实施的能力。工具论抓住了这个基本的问题,并为理解政策成功的其中一个重要变量提供了一个方法。

然而,这个更具可操作性的治理视角,确实强调了政府把那些抉择以及备选工具的多样性特征贯彻落实下去的能力。例如,即使某项工具,比如像税收支出(Howard, 1997)，对行政人员来说可能具有政治上的可接受性，且成本相对低廉，但它也许并不像其他工具那样，能有效确保所有符合条件的公民能从中受益。为达到那样的目的，采用其他介入程度更高的工具或许是必要的，并且政府也不得不做出决定，确保平等性及其适用范围是多么重要。例如，税收支出只有以私人激励为基础才会成功，所以对于追逐更具集体性的目标，它可能就是不合适的。

工具论途径一般也假定所有的工具对所有的政府而言都是可用的，但事情并不是这么简单。有些政策工具，比如道德劝说，可能视政府是否有合法性和它是否受到人民的尊重而定。同样，有些政府比其他的政府更有钱，因此它们更能承担得起支出以达成目标；但另外一些政府，则经常受困于脆弱的经济和人民的抗税行为。最终，有些政府比别的政府更能轻易地运用强制手段，尽管最后证明这种手段哪怕对于追求最基本的政策目标而言也几乎是无效的。

然而，工具途径的批评者争辩说，这显然回避了政府的治理能力问题。他们争辩道，政府创设的任何工具都会被社会的“自组织”能力所规避。换句话讲，在这种观点看来，政府只能统治到社会愿意让它统治的程度。尽管这个表述是对于工具途径的基本批评，但它可能只是对上述政治立场的重申而已：在其他条件一样的情况下，某个工具的介入程度越低，它被公众所接受的可能性越大。人们对通过隐形手段进行治理的功效所持的这种看法，与当前公共部门中关于透明度的观点是背道而驰的；但它确实表明，在当代世界，越是无形(less visible)的政策工具，的确更容易取得成功。

制度分析

讨论治理问题的另一个途径是检验制度在治理过程中所发挥的作用。这一领域里一个最主要的问题是选择总统制还是选择议会制，这种选择对政府的有效统治能力有着不同的决定作用(Weaver & Rockman, 1993; Sartori, 1994)。这个领域中有大量的规范性分析(Riggs, 1988)，就像那些更为基础性的分析领域也在不断发展一样。其他的实质性的制度问题也被提了出来，比如法院(Majone, 1994)、官僚体制和中央银行等这样的非多数主义制度的作用。

如同制度对治理的影响那样，除了经验性问题之外，也有关于如何理解制度的分析性问题。例如，马奇和奥尔森(March & Olsen，1989)将制度概念化为一套规范(norms)和为决策者提供指导的“适用性逻辑”(logics of appropriateness)。在这样的视角下，让治理发挥作用的努力只有通过逻辑的运用，并因此在某种程度上通过制度性规范才能得到理解。而另一方面，理性选择制度主义(见下文，同时见 Shepsle & Weingast，1995)认为，治理涉及巧妙地为参与者提供激励，假如调整得当，治理行动就会变得简单易行。历史制度主义(Thelen，Longstreth & Steinmo，1992)则把治理看作一种路径依赖，这样，以往运作得很好的项目方案有可能在未来继续是成功的：治理具有很大的惯性(同时可参见 Rose & Karran，1994)。

另一个制度问题在与市民社会相关的文献中被提了出来(见前述讨论)。这个问题是，对个人或团体而言，在改善他们制度的治理能力上的最佳策略是建设市民社会，还是建构治理制度？制度主义者的答案显然是，更有效的行动方向是突出重视建立治理所需的制度结构。这种选择不必然否定市民社会对治理的重要意义；它只是认为，更为有效的治理变革策略应该首先去构建制度。这个策略就很可能是有效的，前提是制度的可塑性(malleable)很可能比社会的要好，而没有其他的理由可以否定这一点。我们知道，制度的确具有很多防御来抵制变革。然而，政治领袖也能相当容易对它们做出结构性的改变(Pollitt，1984)，而且在结构性改变之后，其功能也随着形式的改变而变化。进一步说，即使是社会在面对外部环境的压力时也有更多防御来抵制变革。

理性选择

基于经济学实用主义逻辑的理性选择理论，已经成为目前社会科学一个即使不是支配性的，也是很重要的研究途径(Dowding & King，1995；Tsebelis，1990)。关于治理，这个途径说了些什么呢？公共官僚体制的委托—代理观点给出了其中一个答案(Horn，1995；Wood & Waterman，1994)。这种观点在某些方面以另一种方式对传统的自上而下的治理视角进行了解释。它的假设是，委托人(比如某些类型的政府首脑)试图通过契约或其他安排来控制他或她的代理人。这些代理人(通常指机构或个体官僚)有着追逐其自身目标的诱因,并想办法“逃避”(shirk)委托人的控制。

理性选择与国家的权威管理之间的联系是显而易见的。这种联系背后的假设是:委托人代表着政府经由合法化程序来制定政策,由此,代理人的任何逃避行为都是对这些合法意愿的背叛。要重申的是,这一视角与政策执行文献相当相似,在那里,它从由政府核心所规划的政策意图开始进行分析,然后进一步来辨识那些偏离政策意图的行为。委托—代理理论与政策执行分析的区别在于,在不同的政党之间存在着某种类型的契约关系。更进一步说,存在着这样一个假设,即:选择一套正确的经济诱因可以使委托—代理关系有效地起作用。

网络与政策共同体

自上而下治理概念的另一个主要的替代途径是强调社会中的各类不同团体与政府之间存在着互动,即便政府没有直接参与(involvement)也一样。这套思想或者被贴上“现代治理”的标签(Kooiman, 1993),或者被称作“新治理”(Rhodes, 1997;参见 Demers, 1998)。在此视域下,治理是一个新生的具有互动特性的现象,而不是由上而下的强制控制。其论点通常被延伸为,政府部门任何欲强加其权威的企图都将遭遇到抵抗和规避,而且这种规避很可能都会成功(Veld, 1993)。人们假定社会具有自我组织的能力,这种能力可以躲避政府向社会强加其组织化命令的企图。

国家和公共部门管理活动的性质的变化,极大地增加了这一途径的可信度。也许政府还没有完全走到“从自负到无助”(hubris to helplessness)的地步(Downs & Larkey, 1986),但政府也确实丧失了某些自信心,而公信力的下降更是严重(Nye, Zelikow & King, 1997)。人们并不相信,今天的政府有能力把需要有效治理的每一件事情都做好。政府部门已经增加了对伙伴关系的运用,与私人部门建立了各种其他的关系,因而,通过国家行为体行使自上而下权威的观念或意识已经减弱甚至消失了。在采取行动之前,政府也已经变得更加积极主动,会与社会团体进行广泛的协商并倾听它们的建议。

这一治理观念可能适用于很多不同的情景中,但在跨政策领域和跨国关系中,它因政府在治理过程中角色改变的程度而表现出相应的差异。有些政策领域拥有确实有助于治理过程的广泛网络,并对政府当局的治理提供有益的补充(如果说不是取代的话)。不过,应该记住的是,这些网络通常是由其他各个层级的政府或准政府行为体所构成的,因此,政府并不是完全从这种网络图景中退了出来。而在其他的政策领域,则依然属于政府自身的领域:尽管货币和财政政策是外界非常关心的事情,但总体上说,它们依然是政府事务。类似地,在某些政治系统中,比如低地国家和北欧国家,它们已经有了发达的利益集团结构,与政府保持着持久的合作关系,虽然另外一些利益团体依然对政府抱持怀疑的态度。

新马克思主义与批判理论

最后,新马克思主义理论也包含有治理的视角。正如此前所提及的,这个视角的某些方面承袭了传统的马克思主义的观念,认为需要一个强势国家来遏制资本主义和帝国主义国家的强权。新马克思主义理论对于国家权力在治理中的作用的理解,是有些含糊不清的,但是,它也感觉到,国家的功能就是进行治理。在这个领域的文献中,对政府角色的概念化最为核心的地方就是提出"资本主义晚期的合法性危机",并在一定程度上推定,合法性的降低将大大削弱政府的治理能力。

这个途径的基本观点是,资本主义国家因促进资本积累的需要以及赋予这一行动以合法性的需要而被建构。福利国家被视为通过公共支出来塑造合法性的一个手段。资本主义经济很容易产生收入和生活机会方面的极不平等,于是,福利国家就被设计了出来,以充分提高社会中最低收入群体的生活水准,这样,他们就不会对资本主义的延续性和适当性提出挑战。

关于国家危机的文献论辩道,资本主义经济体系合法性的丧失,以及由此而来的治理能力的丧失,根源于政府支出能力上的紧缩,而这种财力匮乏将导致这些体系的没落(O'Connor, 1973)。而自苏联解体之后,这种研究文献中有些马克思主义者的慷慨陈词如今却显得有些古怪。在他们看来,政府的治理能力依赖于政府赋予其自身的存在以合法性的能力,并认为这个基本逻辑对于治

引　言

治理的一个有意思的方面是，它是如何在地方、国家与国际等不同层次上显示出其相应的差异的，以及在这些不同层次的治理活动中，政治制度所扮演的角色有哪些方面的不同。这些差异在很大程度上可归诸于关键角色之间合作行为的历史与传统。因此，地方层次上存在各种不同模式的公私协同行动，在这一点上，大多数国家具有较为悠久的历史；然而，在国际层面上，国家间彼此的合作行为则常因争议而难以获得。此外，治理正日益被描述为"多层次治理"，在这里，国际的、国家的和次国家的治理过程以一种协商的形式被相互联结在一起。

第 4 章讨论了政治权力的三种不同的转移类型。第一，权力的向下转移，即转移给政治体系中的地区或地方。第二，权力向上转移给跨国组织，诸如欧盟或世贸组织等。第三，控制权向外转移，转移给与民选官员保持着一定距离的机构。这些原本由国家所行使的控制权的不同替代方式，既代表了新的治理模式，也以间接的方式助推了这类治理活动的发展。

然后，我们在第 5 章至第 7 章里勾勒出了与政治权力的扩散和不同治理模式日益增长的重要性相关联的三个不同的剧本。第 5 章描述的剧本是国家重申其控制权，拿回被取代的控制权的基础，因而再次在社会中获得了较高的关注度。第 6 章检视了那些看起来似乎是相反的发展，即国家让其他的制度和行动团体（比如次国家机构或跨国组织）来主导治理工作。然而，由于我们相信国家依然比人们通常所假设的要更强有力，因此我们把这些发展视为被国家所允许的，并且有时甚至是被国家所鼓励的一种改变，而不是国家衰败的象征。在第 7 章里，我们将在协商民主（deliberative democracy）与社群主义情境下来剖析治理。在这里,以政治机构最小程度的干预进行的治理是成败的关键。取而代之的是社群主义及其相关的哲学,它们认为,集体利益可以直接通过公民的参与和让他们承担对社区的义务而达成。

第4章 | 治理的三个层次

当今之治理以其不同的表现与形式成为各个层次上政府的共同特征，在某种程度上也是这些不同层次制度之间的共同特征。在全球与国际领域，国家合作的志愿性形式传统上已经与国家和集体的安全目标联系在了一起（参见Jervis，1983）。最近，类似——如果说不是更广泛的与制度化的——形式的跨国组织业已出现，以对私人资本的全球化给予回应。贸易管制长期以来是国家参与国际事务的核心领域。然而，关税和贸易总协定（General Agreement on Tariffs and Trade，GATT）的重建并改组为世贸组织，以及欧盟和其他诸如东盟（ASEAN）与亚太经济合作组织（APEC）等跨国组织的巩固，都以强烈的信号表明，在国际安全之外还有更广泛的议题日益需要国家间采取集体行动。这些属于跨国治理的新兴议题例如：促进区域性的共同利益，阐述诸如环境保护等从根本上不受限于单个国家的议题与问题，以及平衡全球性私人资本（Gamble & Payne，1996；Hoekman & Kostecki，1995；Wallace，1996）。

治理（或多层次治理）也体现在欧盟内部、欧盟机构与成员国机构之间的众多决策的特征上（Marks et al.，1996；Scharpf，1997；Wallace，1996）。正如国家合作努力的跨国性安排的例子那样，正式跨国制度的（还）相对弱势，以及以这些制度与国内制度之间联系的协商性质，是需要其他更为非正式的安排来促进集体利益的实现的，并在单一权威缺位的情况下解决政治问题。

在过去的十年左右的时间里，民族国家层面上的治理也变得更为重要了。治理的兴起同时为内生的与外生的力量与发展所推动。财政资源的紧缩、课税日益遭受的反抗（伴随着将税赋维持在中等水平以免吓跑外来投资的全球压力，参见Boyer & Drache，1996；Vogel，1995）、民选官员对公共服务控制的减弱,以及将制度能力下放转移给次国家政府,所有这些因素共同产生的影响都促使了国家开发出替代的工具和渠道来“调控”社会,生产与传递它的公共服务。

从奥斯本和盖布勒(Osborne & Gaebler, 1992;参见 Peters, 1997b)提出的“政府再造”(reinventing government)术语来看,假如国家过于软弱以致无法“调控”,以及由此类推,国家不应负责“掌舵”的工作,那么,可以留给国家的似乎就只有两个十分重要的角色了。一个角色是设定目标与决定优先顺序。另一个依然保留着的角色是通过完成某种程度的资源协调,要么从公共部门和私人部门汲取资源,要么从不同的政府层次那里汲取制度资源,以支持这些目标的实现。相应地,这一战略某种程度上是以权力从政府机构的中心向社会中那些与关键行为体直接相关的机构分散转移为基础的。像通过引入各种机构力量和非政府组织(NGO)来服务这些目标的制度变迁,就如同向较低层次政府的分权(或“赋能”)。

最后,对于民族国家层次上的治理,一项关键要素是网络。国家通过非正式的公私部门沟通而将其意志加诸其外在环境的观念,对当代治理来说是必不可少的。然而,网络的力量有时会变得足够强势,可以对抗国家的影响(Marsh & Rhodes, 1992)。网络能被国家战略性地运用的程度,或相反,能否发展成为抵制来自于国家机构压力的联盟,这一切都取决于一系列的情境因素。

最后,在地方层次上,新的治理形态表现在更具包容性与广泛性的都市政策“风格”以及更复杂的公私网络与合作等方面,这种情形已经在英国(King & Stoker, 1997; Stoker, 1999)和大多数其他欧洲国家(Le Galès, 1997)出现。在一些方面,在其他制度层面上正在兴起的这种治理对于地方政府来说并不是什么新鲜事儿,在那里,市政厅与地方的企业社群之间正式和非正式的联盟早已成为一个显著的特征(Dahl, 1961; Stone, 1989)。这种公私合作的传统支持着地方民主理论,同时支持着政治上和社会上同质共同体的观念,在那里,共用资源是加强共同体的一种自然途径(Hill, 1974)。

从依赖正式的合法权力发展到不同形式的治理,制度变迁既是发展的原因,也是发展的结果。我们已经提到,治理有着重要的制度方面的内容,因为它要求某种程度的分权以促进新的更加密切的公私交换关系。但是，治理也可被看作是对先前制度变迁(比如分权化和我们在次国家层次上所见到自然产生的制度发展形式)的一种回应。有一个重要的情况是，为数越来越多的国际化项目显然不属于它们的法定职能范围，但却被认为是有助于地方经济的发展的。

本章主要检视对国家权力与控制的三种不同转移类型：向上转移至国际行为体与国际组织；向下转移至地区、城市与社区；向外转移至不受国家控制、具有相当行动自由的机构。这三种制度能力的转移类型是有计划的与自然发生的变化的结合。允许国际制度提升其重要性，甚至可以置民族国家于不顾而做出决策，这已经因需要通过跨国合作来解决当代政策问题而被证明为正当。类似的情况是，分权化已经成为遍及西欧国家的一项一般性的改革，并有助于增进公共服务中的参与和变革。但是，在这两种情况中，这些有计划的变革都触发了自发的制度变迁——它既可能超出了最初改革的目标，也可能减弱了改革的效果。虽然"组织记忆"(organizational memory)削弱了大部分制度变迁的短期效应，但长期效应可能比原先预期的要大，因为制度倾向于寻求扩张它们的范围。

本章稍后将进行详细说明的一个关键论点是，不同制度层次间政治控制的替代和转移并不必然是一种零和博弈，也就是说，某个层次的制度可能增加了它们的影响力，但另一层次的制度却并不必然会看到其控制力的减弱。为什么会出现这种情况是有很多原因的，但最重要的解释是，通过授予例如次国家政府更多的权力与自主性，国家失去了某些控制权，但这并不等于次国家政府增加了同样多的控制权。制度赋能是一种动态的，有时甚至是一种渐进累积的过程；对地方政府赋能，对于地方层次上的社会行为体来说变得更有吸引力(Pierre, 1994)，相应地，这能促使地方当局加入协商的公私治理项目中来。通过这样的项目，地方政府的实际力量在很大程度上要比它从国家权力的转移中所获得的来得更大。

因此，与许多著作所断言的"国家衰退"相反，治理的兴起事实上增加了而不是减少了对社会的公共控制。在对这些议题的认识上，传统的零和博弈观点和治理视角之间的最主要差别在于两者对政治与制度的权力与能力的构成元素所持的不同看法。在法律与宪法的意义上，所有的权力转移都是一种零和博弈；想要增加某一个机构的权力，你只能通过从其他机构获取这些权力。然而，这种权力观念只着眼于这些制度的*彼此关系*（*in relationship to each other*）所具有的法定权力——如同国家—地方关系的情形一样——而不是着眼于这些制度与其他社会行为体发生关系从而所具有（或所能产生）的能力。

显然，这些议题是治理理论的核心。正在兴起的治理形态并不倾向于遵照传统的制度联系来运作的，也不依循公私行为体间的正式接触点来运作，而是倾向于通过其他更为非正式的途径来促进资源的动员与协调。确实，人们可以很好地论辩说，成功的治理所具有的特征，正是这种发现并利用这类与社会各界关键行为体进行新颖的制度合作或交易的能力。正式的规则与制度体系当然依旧重要，但是，它们更多是作为政治行动的构架，而不是用来界定特定情境下什么样的行为体是合适的。

故而，为了能够解释正在兴起的治理形态，我们需要离开先前已经形成的有关政府的观点。有了这种有点理想化的模式作为进行比较的标准，我们可以揭示出，治理对于政府的结构及其与市民社会的交换提出了什么样的挑战。进一步说，我们需要重新评估这些治理形态是如何与其他制度层次上的治理发生关联的，也需要重新评估政治体系中不同层次的治理过程之间是如何发生复杂的相互影响和相互作用的。

关于政府的传统观点

为什么我们需要从对政府、国家与治理的传统观点中脱离出来，有两个原因可以说明。一是概念性的或本体论上的。标准的、理想化的政府形象是唯一合理有用的标杆，我们可由此观察治理的兴起对国家调控社会的能力带来了什么样的差异。

另一个理由是经验性的。我们坚持认为，国家调控的传统技术与过程仍然是极其重要的。人们所看到的新兴的、更少服从性的治理战略并不是对先前的治理模式的取代，而是它的一个补充。新的治理变得重要，主要原因是人们认为传统的治理模式在某些方面已经丧失效率和变得不再恰当。将新的治理与传统的政府形象进行比较，有助于我们揭示新兴的治理模式造成了什么样的差异，以及这些发展的可能结果是什么。

在关于政府的传统观点中，国家处于治理网络那不证自明的中心。国家在不同类型的社会与政治情境中发挥着多种多样的作用。多元主义民主理论描述下的国家主要一个竞技场，各类精英和少数模糊的既得利益者之间同场竞争。同时，这种观点对国家的看法也假定——尽管这一问题很少得到明确的表述——国家对经济施加着某种程度的控制，而如果有需要，政治机构就可以对私人部门产生强大的影响。基本的事实是，国家没有开展这种持续不断控制的原因，更多是政策选择的反映而非它没有能力这么做。

关于国家的另一个经典认识与决策和利益调节的统合主义模式相关。国家在这里被描述成为参与到利益协调的三边协商安排中来的三个行为体之一。虽然利益集团成功地侵蚀了国家，但国家也已经将这些利益集团吸纳到了它自己的领域之中。从传统主义的观点来看，统合主义国家的力量被看作有限的，因为它无法将自己孤立于社会利益之外。

尽管这两种视角有很多方面的区别，但它们也存在着不少相似之处。其中之一是，在概念和经验上，国家与社会是分离的。确实，统合主义的国家模式强调，有多种方式可以跨越国家与社会之间的界限，但即使是这样，国家仍保持其特有的能力，发挥着其他行为体无从发挥的社会作用。而多元主义的国家模式中，公与私之间的区别则更加清晰和持久。

多元主义与统合主义模式的第二个相似之处在于，国家是以某种非情境化的，几乎是高度逻辑性的方式得到理解和阐释的。对多元主义而言，法律与宪政框架为国家能做什么不能做什么提供了一个准确和详尽的描述。在统合主义国家模式中，有一种强烈的观念认为，国家扮演的角色数量是有限的，而且从总体上看，国家的能力受到其他行为体的限制。第三，国家通常被认为是铁板一块的、价值中立的结构。没有一种国家模式会允许内部冲突和对抗目标的存在；确实，除了在任者的支持者们所追求的那些目标之外，人们不相信国家自身具有任何其他的目标。

关于政府与国家的传统视角是高度国家中心主义的。的确,人们可以论辩称,任何关于政府的观点从定义上说都必须是国家中心主义的。但是,我们想强调的重点是,对政府的传统看法很少有兴趣去关注国家的制度化组织是如何与社会的组织化发生联系的,或者国家—社会的交换过程是如何对国家产生影响的。20世纪80年代国家—社会分析途径的复兴,发源于这样一个信念,即:“国家回归”(bringing the state back in)范式被引进到公共政策分析中来,将对由国家所形成的差异问题引发一些新的洞见(Held et al., 1983; Evans et al., 1985)。

关于政府的传统观点大致可概括为四个一般性的观点,即:国家中心主义(state-centrism)、制度性绝缘与同质性(institutional insulation and homogeneity)、国家主权与优越性(state sovereignty and superiority),以及聚焦于宪法安排(constitutional arrangements)的观点。国家中心主义的政府观视国家为无可争辩的权力中心。至于国家介入市场、改变企业的所有权结构、在不同社会群体中进行财富再分配,以及扩展或外包其服务等方面会到什么样的程度,则是政策选择上的事情。在这样的视角下,国家是一套强有力的制度,可以被拥有支配权的政治成员用来强制执行其政治意志。

相应地,关于政府的这种观点是建立在制度性绝缘与同质性的假设之上的。制度并非不得不卷入与其他社会行为体的讨价还价或共同冒险的行动中去,以便来达到它们的目标与任务,而是可以依赖于法律所赋予的管辖权。而且,关于政府的传统观点坚持认为,制度不会受到内部紧张关系与冲突的伤害。事实上,韦伯学派对官僚制的看法是这种政府形象的重要组成部分。

传统政府观点的第三个重要特征——国家主权与优越性——在某种程度上源于前面的观点。国家被视为是主权的,这意味着其权力与能力是绝对的,而不是有些相对的、视情境而定的和可谈判的东西。它更是一种“掌控权力”(power over),而非“赋予权力”(power to)。这也意味着,国家在相当程度上可以定义它自己的权力。国家当然与其周遭社会有着广泛的交换,但国家基本上是按照它自己的条件来组织和实施这些交换的。另外,关于政府的传统观点几乎不关注合法性问题,或那些可能会削弱国家效能的反对赋税和干预的批评。

最后，聚焦于宪法议题与安排的观点是传统国家观的一个很重要的因素，因为，控制着国家行为的宪法与其他法律框架，在规则与行为之间几乎或没有任何矛盾。考虑到成文规则的强有力作用，宪法——构成了政治游戏的规则——从未得到自然地发展，但经常被依据其内在的逻辑，而非就其对政治生活的实际影响来加以评价。

治理的视角对这些国家观念与国家能力的基础构成了挑战。我们已经讨论过为什么我们认为关于治理的国家中心主义途径似乎提供了最佳的分析方法。正如我们在这里所描绘的，治理的途径与 20 世纪 80 年代关于国家—社会的文献一样，都是一种国家中心主义的视角，但它的焦点更窄一些，关注公私交易、政治驱动的社会和政治变迁的情境与企业家风格，以及这些交易给国家所带来的深远影响。当我们将视角从政府移转到治理，那么，国家中心主义在很大程度上要比传统的政府观点更可以作为分析上的选项。就我们对于新治理的观点来看，尽管原因各不相同，但国家仍然是关键的行动者。国家通过把协调、调控和在不同的项目中运用其资源结合起来而发挥了它的影响力。这两种视角的主要区别在于，在传统视角那里，国家的中心地位是理所当然的；而治理视角则认为国家是第一位的(*primus inter pares*)行为体，其能力需根据为了实现其目的而动员其他社会行动者的能力而定。

作为传统政府观第二个特征的组织绝缘与同质化，并没有从治理理论中得到很多支持。铁板一块的国家观被另一种国家模式所代替——这种模式假定，组织之间和组织内部存在着更多的制度碎片化与不一致，或许甚至存在着矛盾与紧张。诚然，为了迎接治理的挑战，大多数国家已审慎地放松它们的组织内聚力，以便能使国家的不同部门发展出其与社会行为体之间的交换模式。而且，国家的不同机构(有时甚至是机构内的各个部门)在关于治理应该有什么样的目标的问题上，有它们自己的观点。除了制度的碎片化与分权化，当代国家在治理上的另一个典型特征是政治调控与控制的放松。因此，国家经常同时在内部与外部起着协调的作用。在一些第三世界国家，似乎清楚的是，国家无法成功地开展治理，除非它们能产生一定程度的组织内聚力与能力(Hyden, 1992; Leftwich, 1994; Peters, 1998a)；而在现代西方先进的民主国家，存在着的则是一种反向的趋势,目的是为了增加与其外在的社会之间的接触点。

传统政府观的第三个假定,即国家主权与优先性,没有在治理理论中获得很多支持。有一个共识是国家控制着的一些资源是其他行动者所无法接近的,比如依法执行权威决策。主要的区别在于,这些类型的资源对大部分社会行为体而言正变得愈发不重要。私人企业似乎较少依赖于国家政策,如同利益集团不太会与一个资源日益受约束的国家进行密切合作一样。国家与强有力的社会行为体之间依然存在着微妙或脆弱的依赖关系,但那些依赖关系的方向已转换。以往,企业领导者总是急切希望与政策制定者和高级文官开展良好对话,但如今,寻求与私人企业接触的则是民选政治家。类似地,在统合主义的全盛时期,利益集团渴望稳妥加入和参与国家的决策过程;如今,则是国家试图鼓励第三部门积极参与到公共服务的提供中来。

最后,聚焦于宪法安排的理论观点显然被治理理论严重忽视了。根据传统的观点,宪政是国家权力的根本来源。如今,宪法所界定的国家与社会之间陈旧过时的边界,已经被看作治理的障碍。而且,规则体系试图在与社会行为体的交易中削弱政治制度,这些行为体有更多的自由来调动资源却不受公众监督。再者,由于治理中的政治能力来自政治企业家主义(political entrepreneurialism)和判读与利用独特情境的政治能力,宪法越来越不能告诉我们国家能做什么和不能做什么。

向上转移:国际组织角色的涌现

自第二次世界大战以来,国家权力的变化中最深刻和最卓著的发展之一,就是出现了重要性日益增加的国际行动团体或组织。国家选择了将很多政策部门中的主权让渡给这一类跨国制度安排。尽管我们应该可以见得到,这种迈向强有力的国际结构的发展会被日益增长的民族情操所打断,这种强烈抵制是钟摆式的,但我们依然远未到达这一旅程的终点(Wallace, 1996)。

国际制度的不同模式已经存在了很长一段时期,这些模式或者是暂时性的、特设的国际协商所达成的协议,比如 19 世纪的维也纳会议(Vienna Conference)，或者是制度化的、持续稳定的国际合作模式，比如国联与后来的联合国。我们这里主要关心的并不是以管理由主权国家构成的全球共同体为目标的国际组织，而是更多关注于近来有着不同的和更广泛议程的国际行为体。

国际贸易管制的发展便是国际制度巩固的一个好案例。贸易管制，尤其是确保自由贸易和废除贸易障碍的管制，是所有产业出口国家最主要的关切。战后初期，西方国家就关税和贸易总协定(GATT)达成了协议，其他国家不久也随之签署。该协定是定期重新协商的，但对于各国的贸易政策的持续监督却非常有限。然而，作为20世纪80年代与20世纪90年代早期经济体制(régime économique)的一部分，关税和贸易总协定越发被看作一项无效的国际贸易管制工具。结果，关税和贸易总协定便被世贸组织所取代。世贸组织不仅延续了关税和贸易总协定过去所发挥的作用，更重要的是，它还扮演着国际贸易争端的控制者、调查者与法院等角色。为了能够加入世贸组织，国家不得不在政策与行动上，证明它们愿意遵守自由贸易和国家不干预私人企业的原则(Hoekman & Kostecki, 1995)。

关于国际组织日渐增长的重要性的另一个更引人入胜的例子，就是“议程21计划”(Agenda 21 project)。根据1992年里约峰会的规定，“议程21”的基本思想是，次国家政府(而不是国家)是经济可持续发展项目的领导者和开发者。所以这里的情形是，以次国家的政治变迁为目标的国际治理没有太多来自民族国家的控制或干预。

此类国际行动者的崛起对国家来讲是一种强有力的挑战。的确，自愿地将某些国家主权让渡给跨国组织在很多案例中并没有遭遇到激烈的政治反抗，没什么大惊小怪的。西欧国家沿着欧盟的方向持续地推行政治与经济一体化，就是这样一个例子(Taggart, 1998)。那么，显而易见的问题是：为何会出现将治理上移至国际层次的趋势？为什么国家愿意将它们的主权让渡给跨国机构，而且是知道它们的影响力将因此受到极大的限制之后？这些发展将带来什么样的代价与收益？这种国际化的过程能否被反转？在是否加入这些强有力国际组织的问题上，单个国家有多大的选择余地？以及国际治理通过什么样的机制与工具得以和国内治理相联结？

很多解释都有助于我们理解国际组织和国际行为体的涌现，不过，有五个普遍的假设似乎对这种发展提供了合理和恰当的说明。首先，当代西方世界政治精英所面临的大部分重大问题并不是由民族国家的边界来定义的，而是具有区域的甚至是全球的性质。1980 年，环境保护仍然处于政治上的幼年时期；现如今，它却已经位于整个西方世界极高的政治优先性上。这个主题为"我们全都处在下风处"(we all live downwind)的巨大标语抓住了这样一个理念，即：唯有国家实现合作，高度明确的全球协议能够达成并得到执行，环境保护才有可能实现。非法毒品交易在许多方面就是相似的政策问题：在欧洲与美国，去管制体制(deregulationist regime)撤销了许多管理单位的边界控制权，故而，某些形式的国际协同努力成为制止国际毒品交易的唯一手段。而且，尽管柏林墙倒塌之后的国际社会只剩下唯一的超级霸权，但这个世界自身还无法表明军事冲突将越来越少，情况可能正好相反。更可能的是，随着原苏联与南斯拉夫地区许多新近建立的小国家重新燃起民族主义情绪，国际安全将变得更为复杂，而不是相反。

对于国际结构的力量日益壮大的第二种解释是，为了实现去管制的目标，国际协调是非常必要的。国内经济的增长与发展愈发被视为需依赖本国产业的国际绩效而定。尽管有人明确反对经济发展中的民族国家范式(Reich，1991)，但依然存在的一种可能情形是，即使是 20 世纪 90 年代以知识与信息为基础的经济项目，也还是依赖于国家，因为在决定这些企业竞争力上起着重要作用的很多因素都与国家相关。

私人资本全球化的文献则提供了第三种解释。其论点通常支持那些涉及金融和货币市场的放松管制的内容，但涵盖面更广。对大多数发达国家来讲，国际贸易比几十年前重要得多：人们普遍认为国内经济的增长被主要是基于出口的增加。这似乎是一个靠不住的经济发展战略，因为至少在理论上，国际贸易是一个零和博弈——所有的国家不可能同步发展与维持一种正向的贸易平衡。但是，就像资本主义经济的历史所显示的那样，这种经济体系无论是对于支配既有市场，还是发现与开拓新兴市场，都是有强大的刺激性作用。

全球化论点的批评者认为，对于像英国这样的国家来说，根据其所占的国民生产总值(Gross National Product, GNP)的比重来计算,今天的国际贸易并不会比19世纪早期的更大(Hirst & Thompson, 1996)。而且,像北欧国家在20世纪50年代、60年代与70年代所创造的繁荣兴盛主要是建立在出口收入的基础之上的。对它们而言,全球化并非新鲜事。20世纪10年代或20年代与20世纪八九十年代之间的关键区别在于,经济政策已经由需求侧的经济思想转变为供给侧的经济思想。反通胀货币政策的承诺迫使大多数工业化国家将国内需求维持在非常低的水平,这迫使产业赴海外寻找具有更大需求的市场。

为什么国家会支持国际性组织结构兴起的第四种原因是,不同国家之间的政策问题被认为越来越具有相似性,因而,开发出能促进跨国政策学习的制度成为发展新的政策概念的一种重要战略。经合组织(OECD)已经演化成为一个组织化的组织,用来在经济政策与行政改革领域中传播政策概念。国际货币基金组织与世界银行所不断提供的国际贷款经常因特定经济改革的具体情况而所有取舍。作为"认知共同体"(Haas, 1992)的国际会议数量迅速增加和双边交易的利益不断增长,在这种情况下,似乎更容易发生政策学习。

最后,有一种观点认为,国际组织(或更一般地,全球化)的快速壮大是民族国家政府无法处理重要政治问题的一个合适的借口(Weiss, 1998)。包括环境保护、控制流行性疾病的传播,或打击国际性犯罪等问题只能通过国家的协调行动,通过某种形式的国际努力才能得到解决,提出这样的观点和论辩,是一种真实合理的政治立场。与此同时,国内政治有时候对这些问题的关心是不够的,这样,这个论点就为这种情形提供了政治托词。更重要的是,根据这一思想流派的观点,全球化有助于赋予福利国家的解体和对再分配政策的淡化以合法性(Martin, 1996)。

向下转移:地区、地方与社区

国家权力转移的第二种主要类型——即国家权力向地区与地方机构的分权化——获得了比强化国际结构更多的关注。在过去的二十年里,很多西方民主国家都实施了分权化(其具体内容因不同的国家情境而有着显著差异)。从西欧到美国，一个清晰的模式是，自20世纪60年代以来，中央政府的成长要比次国家政府的成长来得缓慢(Sharpe, 1988)。同时，我们也可看到，受民族的与文化的情感所驱使，国家被迫将政治权力移转给地区性机构，比如西班牙、加拿大与英国(Keating, 1996)。

在很多国家，分权化的过程是分好几步实施的。在地方政府受到制度性"赋能"之后，我们也看到城市内部的一些权力扩散。正如国家—地方的分权化情形，给街区里弄(neighborhoods)以更多的影响力是与给予更大的财政责任结合在一起的，这同时增进了更为直接的公民参与和对政治议题的输入。这些方面在削减公共支出期间变得重要。

这一波分权化是由宽泛的政治目标驱动的，或者可以看作是对民主国家的结构性变迁所做出的一种回应。比如，持续的都市化与城市集群的形成使得在财政上和行政上做强地方政府成为必要。然而，更重要的是，在过去数十年里，公共服务的扩张刺激了次国家政府的专业化与专业技术的累积；且在某种程度上，分权化是以这种专业技术的释放和利用为目标的。分权化的另一个主题是，大量公共服务逐渐变得不那么标准化，同时对这些服务的需求所做出的回应和对地方需求的适应也变得更加重要。

在很多情况下，分权化有助于民族国家将预算维持在至少接近平衡点的水平上，也有助于抑制中央政府层面上公共支出的增长。这意味着向次国家机构"推卸责任"(passing the buck)或转移问题。也就是说，指出下面这一点是很有意思的，即分权化并不是显著地与公共部门规模简单的(*tout court*)全面缩减相关。相反，它是事关公共部门内部劳动分工的改变，以及财政和公共服务其他责任模式的变革模式。

然而，同样有趣的是，分权化已经产生了一些从治理的角度来看非常有利的意外结果。这并不是要去暗示，在各个国家，这些结果没有为决策者所考虑到；比如，在英国，开发出次国家制度体系使之成为不同治理形态的工具，这对中央政府而言是具有重要意义的。然而，在大部分情况下，这种变化是与国家推动分权化的目标相伴而来的。

分权化最重要的后果是，它促进了新的治理形态的产生，无论是产生于公共部门内部的各个机构之间，还是存在于地方政府与其社会环境之间。对社会行为体而言，去接触权力有限、财政资源有限以及自主性受约束的地方政府并没有太大意义。从政治压力来说，分权化使地方政府成为引人注目的标靶，也让地方政府成为各种地方项目（比如，经济发展与公共服务的提供）的一个伙伴。因而，分权化很可能强化了都市体制，这通常被认为是地方政治精英与公司行为体之间的联盟（Elkin，1987；Stone，1989）。公司行为体现在看到了与地方当局一起工作的更强大诱因。

向外转移：非政府组织、公司化与民营化

权力转移的第三种类型是，将传统上由国家控制的权力与能力转移给与政治精英保持一定距离的机构与组织。大多数发达的民主国家，已经在公共服务的提供中协助建立起了很多非政府组织（NGOs），如果说它们远未连同将这些功能民营化的话。创立“卫星”组织的观念已广受欢迎，并已经在各级政府中得到应用。

政策活动的输出可以采取很多不同的形式。最简单的是在政府中设立半自主性的“代理机构”来执行以往由政府部门执行的任务。比如，英国的“下一步计划”（Next Steps project）就建立了很多代理机构，它们在执行政策时有很大的自由裁量权。其次，中央政府可以利用次国家政府来为其自己的执行目标服务。最后，政府也可以利用营利或非营利组织去实现政府的目的。在一些情况下，在当前这些活动迈向更多外部化之前，这些组织可能早已存在。在另一些情况下，政府培育了这些组织的产生，然后成为它们的主要赞助方。

不仅如此，在整个西欧和日本，一个总体性的趋势是卖掉国有企业，比如电信和公共交通部门。人们采用一些论据来为私有化辩护，包括从国家需要利用其资产来减少债务，到某种更规范性的思想，即认为国家不应该拥有自己的公司来提供服务。指出下面这点是有意思的，即在国家的支持下带来（或保持）这些服务的正当理由（尤其是它们是应受保护、避免产生公司利润的集体产品），已经向另一种理念妥协，这种理念认为国家并不完善，或者说它不能去拥有这

样的公司，而为了让这些公司更加有效，它们应该被私有化。

同时，主要的执行权也显著地从政府转移给非公共部门的行为体，而不只是转移给地方政府层面。在某些国家环境下，比如瑞典，地方政府建立了由地方当局自营的公司来处理那些城市或许不太能处理好的任务与职责，诸如用水与电力的供应。这种“公司化”(corporatization)曾招致各种批评，部分原因是它使公众对税金支出的监督变得更加复杂和混乱，还有部分原因是规范层面的，人们认为地方政府不应拥有公司，而应让它们私有化。

最后，公私伙伴关系已经成为提高政治机构能力的一项广受欢迎的工具，尤其在地方政府层次上更是如此(Pierre, 1998a)。这样的伙伴关系可以被视为政治资源与私人资源的专门的融合(*ad hoc* fusion)。在批评者看来，花公众的钱，运用政治权力，却跟公司利益保持密切配合，这些做法是值得质疑的；而在另一些人看来，这些方法却是增进机构的“行动能力”的实用而有效的手段(Stone, 1989)。似乎很清楚的是，首先在地方政府层面上，公私伙伴关系可能会变得越来越普遍，因为很多城市发现它们自身缺乏财政资源来资助重要的项目(比如经济发展)，同样重要的原因是，都市政策的目标越来越不与它的地方化相挂钩，因此也不易受正式的政治控制的影响。

这些变化背后的普遍理念，是要建立能够没有什么约束地——这种约束阻碍着大多数公共组织——参与到政策过程中来的组织和组织间关系。在一些情况下，这可能意味着组织要尽可能在跟市场一样的条件下进行运作，与此同时执行着公共政策。在其他的一些情况下，尽管有着大量公共基金，组织可以更加像私人慈善组织那样进行运作。一般性的观点是这些活动必须脱离公共部门。

组织上的这些发展，某种程度上是被那些为了找到提高公共组织效能的形式的需要所激发。尝试以各种不同的组织来解决问题的倾向，地方政府似乎要强过中央政府。对私人组织的运用也是增进某些类型活动(社会工作)的合法性的一个途径，在这些情况下，政府早已失去了大量项目接受者的尊重与支持。这些组织也允许项目的顾客有比公共部门的组织所能做到的更大程度的参与，因此，有社区参与但费用却更少。

正如稍早对大多数其他的制度发展情况所描述的，在为公私协调行动和资源交换而开发新的途径和工具方面，这些组织变迁是尤显重要的。就其中的大多数变迁而言，我们并不认为组织变革的这个方面可以令人看作非常重要的：清楚的一点是，那些改革的基本目标是削减成本和引入私人部门的管理哲学。但是在公共部门中，离心的组织发展带来的更为重要的后果之一是它们激发了治理的新形态的形成。

我们需要以动态的视角来考量这三个正式政治权力的转移——向上转移至国际制度，向下转移至次国家政府当局与都市体制，以及向外转移至非政府组织与私人组织。有效的劳动分工通常是情境性的和协商性的。在某些(当然绝非全部)情况下，国家至少在理论上仍然有收回已扩散的权力基础的选择权。而且，不同的政策部门显示出了不同的权力迁移模式。从国家的观点来看，存在着“制度性耗竭”(institutional stretching)的风险，这就是说，它的有些控制权已经被向上移转，而有些则已被向下所取代。现在，让我们来仔细观察一下国家留下了些什么。

国家留下了什么？

回顾上述关于国家能力向上、向下与向外转移的讨论，显而易见的问题是，哪些领域的控制权与资源仍然是在国家的掌控下。然而，在争论的问题中，关于国家保持的正式的控制领域是什么的讨论，并没有像国家依然拥有什么类型的工具与能力的讨论那样多。我们认为，新兴的治理将看到传统的治理工具会在新的情景中与其他工具一起被应用。越来越被强调的是要将事情完成，政府在这一过程中的角色则更少被强调。

关于民族国家的未来及其在新治理中的角色，这里描述的发展为它们自己赋予了两个不矛盾但不相同的结论。一种可能的剧本是，国家权力与控制被不同的形式取而代之，是不可逆的国家衰退过程。在这个视角下，国家将实行服务外包而只保留少量核心的社会功能。人们将继续使公共服务适应于国家的财政状况；在公共服务的提供中，服务外包、民营化和第三部门的参与将代替国家的主办权。在国际舞台上,资本的全球化获得了更强劲的势头,而民族国家对私人资本的控制力将进一步被腐蚀。

另一个剧本则对国家的未来持一种更为积极的看法。在这里,近来的发展并没有被人们阐释为是国家衰退的指标,而是被解释为国家转型和持续适应其外部(国内的与国际的)环境的变迁。历史上,国家已经令人惊讶地证明它具有回应这类变迁的能力(Navari, 1991)。有人说,20 世纪 90 年代后期的民族国家,无论是在其制度设计上,还是它们的国内与国际能力上,都与 20 世纪 50 年代或 60 年代的民族国家迥异(Shaw, 1997)。由于行政改革的步伐与方向、制度重建和政治—经济体制上存在的差异,当今,民族国家之间的异质性程度也要比二十年前来得更大。在这些方面,英美民主国家似乎比德国、法国、日本与瑞典等国家要走得更远。因此,我们所见证到的这种剧本,正是国家面对现有挑战所进行的结构上与政治上的调整过程。国家权力的传统来源与根基被贬低了,因为它们缺乏效能,也缺乏合适的治理工具。相反,协作性工具和一个更为透明和整合的国家模式出现了,成为追求集体利益的一个工具。

治理理论的一个关键因素是,尽管传统国家权威进行了重新定位,但国家能力的总和依旧可以在大体上保持不变。国际制度的兴起表明国家被剥夺了某些主权,但也表明这种损失在相当程度上是与国家获得受这种国际体制所控制的力量相匹配的。顺着同样的"适当性逻辑"(logic of appropriateness)(March & Olsen, 1989),分权化与次国家的国际化是"适当的"结构性发展,正如国家回应与适应它所嵌入的当代国内与国际社会一样。然而,变化了的是工具和组织安排的选择,通过它们国家将其意志加诸社会,同时,改变的也是国家与社会之间的接触点的性质。在接下来的章节中,我们将会进一步透视上述这些问题。

第 5 章 | 剧本 1:重申控制权

新治理可以被概括为用来组织追求集体利益的各种不同备选模型的兴起,这些模型可被界定为不同的政治与制度安排。本书的一个核心观点是,这些治理模式的兴起不应该被看作是国家弱化的必然征兆,而是先前的治理模型转型到新治理模型的过程,这种新治理模型更好地适应 20 世纪末的政治与政治经济状况。一些当代观察家已得出相似结论,即否定国家作为权力与权威的中心(如果不是那个中心),确实是言之过早了(Evans, 1997; Weiss, 1998)。因此,主要的问题并不在于国家是否在衰落中,而在于国家会如何转型,以及什么样有竞争力的治理基础和治理模型即将会兴起。

在本章和接下来的两个章节中,我们将审视三种不同的剧本(scenarios),这些剧本探讨了不同的国家战略是如何处理治理的挑战的,以及可能的治理轨迹是什么。我们首先审视其中一个剧本,在那里,国家重申了它以往对经济与社会的某些控制权。在第 6 章里,我们将描述另一种剧本,在那里,国家做出了让步,并允许其他治理模式的发展。然后,在第 7 章中,我们研究了几种不同的民主和参与的模型,把它当作第三种可能的剧本。这三种剧本不是互相排斥的。比如,我们可以看到国家在某些部门中重申了其控制权,但在其他部门中却允许其他制度的支配。诚然,最有可能的发展情形可能是所有三种剧本的混合,它也会相应地产生治理难题。我们将会在结论这一章中探讨这个问题。

然后,我们要审视第一种剧本,在这里,国家很高调地将自己重新定位为一个强有力的治理中心。这个剧本的出发点是,虽然近期发生的变革,比如全球化、放松管制、民营化和次国家自主性的增加,等等,都表明传统的国家权力已经被减弱了,但是,仔细观察后将会发现,国家确实运用了它的权力,从而引起了上述这些变化的发生；而更重要的是，这些方面的发展并没有解除国家的那些能力。这些变革和发展是由国家所引入和执行的，而国家保留了（并非仅在理论上）正式和有效的权力与能力，以便能扭转这些发展趋势，如果它想这么选择的话。此种变化是20世纪八九十年代强大的市场化体制（pro-market regime）的典型体现，它先是出现在英美两国，随后扩散至其他一些西方民主国家。但是，我们没有任何理由彻底排除这种可能，即政治舞台上将不会重现其他更为积极进取的制度。

确实，我们不应期待20世纪六七十年代发达的福利国家体制会再次复辟（Esping-Anderson，1990），主要原因是国家已经不具备这种政治计划的财政基础。然而在很多国家，"奔向市场"（rush to the market）存在着潜在的政治抵制（political backlash），这为更激进的政治提供了肥沃的土壤（LeGrand，1998）。比如，在瑞典，先前强烈要求减税的选举压力已经明显减弱了，这是因为废止公共服务项目，或教育、医疗这类传统强势的服务部门的退化，已经使得这样的减税后果十分明显（Nilsson，1998）。

类似地，来自全球资本与货币交易市场行为体对世界各国政府所造成的巨大压力很可能已经刺激了要求重新管制金融市场的情绪。确实，赫莱纳（Helleiner，1996:194）曾说："自由化潮流的颠覆趋势可能比我们所假定的情形来得强大。"在许多国家，鼓励或容忍资本流动，其政治上的复杂性与争议性要比预想的大得多，这随着西欧各国与近期韩国、马来西亚、泰国和日本的发展都已清晰地证明了这一点。自主性的丧失作为放松金融市场管制的一个结果，也是考虑某种形式的重新规制的另一个潜在动力，正如米尔纳和基欧汉（Milner & Keohane，1996:249）所认为的："国家政策自主性的衰退，就像它们放弃对市场的控制，可能只是一个暂时性现象，直到需要和发现新的干预形式。"因此，国家重申对金融市场的控制权的理念绝不只是一种理论建构，有许多迹象表明，这样一种政策变迁并非是不可能的。

故事的结论是，没有任何制度可以一成不变地永续存在，并且我们需要开始超越当前大多数西欧与北美国家由市场主导的政治方案进行思考。我们的第一个剧本勾勒了政治上更加果断自信的制度的性质。再次重申过往的一个论点，一般观念并不是指我们已经见证了国家正在设计新的工具和权力基础，而是指国家重启那些它们自己选择放弃的工具和权力基础。我们也应该期望国家去改变这些工具的混合体，以使它们更好地适应当前政策问题的解决，并通过协调一致的行动来消除“党派政治”(low-road politics)的竞争优势(Betcherman, 1996)以及市场对于个体国家的大部分压力。

直接控制

国家在历史上对社会和经济的很多部门实施了直接的控制。被用来实施这种控制的工具范围十分广泛，包括从审慎的政策制定过程到管制与税收激励。政策工具的选择在很大程度上是基于惯例、制度化的潮流，而不是就什么样的工具最适合解决特定的政策问题来谨慎地做出决定(Linder & Peters, 1989)。很明显，在不同的国家情境之下，情况存在着巨大的差异。这种差异不仅体现在什么样的工具最频繁地被使用，也体现在国家控制和侵入社会的程度有多大。尽管是这样，政府依旧通过各种方式的直接控制来统治社会与经济。

国家直接控制的传统模式与全球化对这种制度安排的挑战经常被误解。第一，直接控制的重要性既不应该被夸大，也不应该被低估。有时，全球化进程的观察家们倾向于夸大国家的权力和能力，认为这优先于全球化，于是就产生了一种或许比实际所发生的变化要大得多的印象。持这种推理路线的大多见于这样一些人，他们将全球化看作是国家自主性与其制度的再分配能力的主要威胁(例如参见 Boyer & Drache, 1996)。

而同样具有迷惑性的观点是，当今各国已经丧失了大部分或全部直接控制力。首先，在当前的金融、资本、货币市场领域，有效地允许和实施放松管制的，正是国家自身，正如苏珊·斯特兰奇(Susan Strange, 1996)所指出的，这些领域在相当大程度上依然是在国家的权威与保护之下运作的。更进一步的是，国际资本流动性的增加在很大程度上是以国家的传统管制权力为代价的，尽管这一事实不可否认，但是，这并不等于说各国当前全无政治权力与控制能力。同时，正如下一章将讨论到的，国家已经以各种方式对政治经济领域的这些变迁予以回应，尤其是通过依循跨国制度来获得更大影响力。必须牢记的是，这些跨国制度是由民族国家的利益主导的，由此，其主要功能是作为在跨国或全球层次上充当表达国家利益的制度性工具。因此，在社会的政治和经济领域之内和之间来理解当前的这些变迁，是一项远比我们通常所认为的零和博弈要复杂得多的工作。

第三种错误的根源在于，人们往往以这样一种方式来对待国家，即假定所有国家在上述这些方面都有着相似的行为。各国似乎都是以不同的方式来回应与适应全球化，而这是由于各国在制度设置、贸易依赖性和政治文化等方面存在着差异（Weiss，1998）。有些国家，特别是对国际资本的货币投机尤其敏感的小国家，已经率先尝试去发展或加强诸如欧盟和经合组织这样的集体机构来协调国家的宏观经济政策。同时，很多国家正着手开发新的国内（国家的、区域的和地方的）调控和合作的策略与工具，而不是依赖正式权力来发展与私人资本互动的新模式。比如，在大多数国家，公私伙伴关系在地方经济发展中协调公私行动方面发挥着越来越重要的作用（Pierre，1998a；Walzer & Jones，1998）。在区域层面上，英国与瑞典最近已经进行的制度改革在很大程度上吸收了私人行为体的参与，其目标就是为经济发展提供新的工具（Evans & Harding，1997）。

一个很有趣的问题是，在什么样的程度上，不同国家对全球化做出了不同的回应？如果这样的话，该对这些差异做出怎样的解释？这个问题在政治经济文献中研究议程上已经存在了很长时间（例如参见 Albert，1993；Katzenstein，1984；Gourevitch，1978，1986；Rogowski，1987，1989）。我们将在最后的结论一章里简短地回应这些问题——如果是全面回应，那将大大超过现有的分析范围。

如同我们所见，国家开发出的用来回应全球化的很多策略都是从治理而不是“政府”的观念出发的。这样，第四个常见的错误——尤其出现在国家与全球化之间的持续辩论中——在于将国家力量等同于政府正式的、宪法的权力。全球化已经在很大程度上推动了治理的兴起。因为我们讨论国家直接控制作为一种可能的剧本，我们应该记住的是，这样的控制很可能与其他更为精妙的治理技术相伴。

国家的抵御能力

国家能力的一个传统指标是制度能力,国家以此抵御环境中强势行为体的压力。“强制度”(strong institutions)的一个可行定义是它们对政治的和地区本位主义压力的绝缘程度。人们将这种绝缘性被看作是政策执行的一个先决条件,可以区分不同选区、地区或经济部门(Weaver & Rockman, 1993; Weiss, 1998)。依据这个视角,强制度是强国家的特征。

政策制定和执行的治理视角挑战着这种强国家观念。或许略显矛盾的是,治理隐含着的调控社会的方法是更柔软的和更为精妙的,尤其是所有的网络与资源的协调性动员。国家会保留一些原有的权力以贯彻其意志,但补充以更新形式的治理。在这种观点下,制度力量更多的是一种创业式的与网络化的技能,而不是实施管制或其他传统的统治能力。

然而,假如治理意味着与这样的行动者结成联盟,那将如何影响制定和执行政策的政治制度能力?或者,将这个问题置于更宽广的视野中来看,在何种程度上,治理将削弱制度作为集体利益表达者的作用?社会行动者通常是公共政策的目标,从政治上接近他们的策略是否存在危险?由“统治”向“治理”的发展,是否会模糊或混淆集体利益?根据定义,治理是否会引起洛维(Lowi, 1979)所说的“公权私用”(the private use of public power),或者如施米特和斯特里克(Schmitter & Streek, 1985)涉指的“私利政府”(private interest government)呢?

这是一个复杂的问题。一方面,看起来合乎逻辑的是,与外界环境中的强势行为体结成联盟的机构——行为体通常就是这些正在执行的机构的政策目标——当来到谈判桌前,必须向这些行为体提供一些好处,以结为联盟。社会行为体可能会被认为主要兴趣在于介入国家权力,因此,与这些行为体建立联盟会丧失一些制度上的裁量权与自主性。在这个视角下,没有所失(权力、资源或裁量权),控制社会行为体的做法就不会有所得。

另一方面,历史中皆是这样的例子:这种联盟并不必然会损害政治机构对其政策的执行能力;它也不必然会是一种零和的权力博弈。在荷兰、奥地利和北欧诸国,其统合主义决策模型的本质是,国家及与其环境中的关键行动者之间的联盟实现了制度化。政策制定中的这种利益代理和参与模型,似乎并没有使这些国家明显变弱。诚然,由于统合主义的政策制定模型确保了政策有更广泛的社会接受度,因此,在政策过程的早期阶段所可能失去的优势,通常可以在后续的执行阶段中获得。

类似地,第二次世界大战后日本的"经济奇迹"主要是由通商产业省(Ministry of Inernational Trade and Industry, MITI)精心筹促的。通过密切持续不断的对话,通产省将它的"愿景"传达给私人产业,而对这些行为体,政府并没有丧失太多影响力(Allen, 1981; Johnson, 1982; Okimoto, 1988)。当下对"信任"与"社会资本"的研究兴趣作为理解国家—社会关系的重要因素,与那些关于国家可行能力的观点相得益彰(Putnam, 1993; Fukuyama, 1995)。温和的政治控制与更为精巧的政策工具,通常是强国家与强社会之间交换的重要特征(Hall, 1986; Migdal, 1988; Weiss, 1998)。

为什么国家及其制度似乎可以同社会行为体开展各种形式的制度化合作,而免除其在政治影响力上不得已的让步?关于这个问题,有着几种不同的解释。其中一种重要的解释是,国家与社会行动者之间的依赖性其实是不对称的,特别是当我们以历史的眼光考察这些问题的时候。综观战后大部分时期,国家似乎很少依赖于社会行为体的支持,反之则不然:对利益集团而言,获得接近政府决策的机会要比这些集团对政府的默认来得更加重要。

其次,通过各种制度化的利益代表机制来制定与执行政策的国家,只要它被认为有必要确保遵守政策,就几乎不会犹豫地诉诸它们的核心规制权。回到战后日本政治经济的案例,约翰逊(Johnson, 1982:266)指出:"通商产业省有时会报复拒绝其建议的企业。"所以,强国家只运用必要的权力以确保遵从;如果与强势社会行为体的结盟能有效地服务于这个目的,那么,强国家则几乎没有必要运用政治和行政的"高压措施"(overkill),但这种权力随时可供使用。国家宪法权力的要旨一般能被谈判双方所感受到并承认,尽管他们不展示出来。

如果(强)国家传统上是以抵御其外部环境中政治、地方、经济上压力的能力为特征,那么,我们现在需要探究的是,这样的选择在何种程度上仍然是可行的。很多人指出,国家依然可以聚集充足的政治和行政力量来抵御这些压力。最为重要的是,国家还垄断了大量资源与能力,而不仅仅是管制权力。或许国家不得不审慎适度地使用这些权力,但它们实实在在地拥有着这些权力。

对近期这波"国家衰退"的观点,似乎有两个主要的解释。一个简单的解释是,国家正变得越来越不愿意行使其核心的政治和行政权力。至少在过去的二十几年里,美国和西欧国家的主流政策风格,都高度强调"小政府"(less government)、放松市场管制、经济增长,以及持续紧盯通货膨胀。这种货币体制与20世纪六七十年代的福利国家制度形成了鲜明的对照(Esping-Anderson, 1990; Pierson, 1994),仅赋予政府在经济与社会领域中以最小限度的角色。然而需谨记的是,这些政策目标与政府形象反映了政策选择,而且,任何东西本身(*per se*)都无法断言它们不能被更积极的政策与更高调的政府所替代。这些积极政策通常由攻击性更小的工具来执行——西方国家的政府似乎有一个总体趋势,即以更加精妙的调控技术来代替攻击性的政策工具(见下文)——但应把这种情况看作是当前政治经济及国家—社会关系的调适,而不是对市场优势地位的认可。这便是国家重申控制权战略的本质所在。

国家能力遭受质疑的第二个有力解释是,放松对国际资本的管制促使资本投入的激烈竞争,反过来又开始"竞次"(race to the bottom):各国竞相提供低税率、有限度的再分配政策,并对私人企业进行最低程度的干预(Boyer & Drache, 1996)。没有哪个国家能够承担得起不参与竞争的风险,这是因为,那样的话,国家就会丧失经济竞争力,国际商务也将逃往那些更具合作性的国家。

如果变迁与回应的互动过程就此终止,那些把全球化看作对国家自主性致命打击的人,显然就获得了有力的例证。但是我们也看到,一些跨国行为体也在经济全球化中获得了力量。解释这个问题的理论基础有两方面的要素:首先,为了确保市场能有效地按照它自身的逻辑运作,政治上的管制措施是非常必要的。其次,全球化意味着国家利益需要在跨国层次上进行清晰的表达。尽管这些跨国组织——诸如欧盟、东盟、北美自由贸易协定等——迄今几乎都专门迎合市场利益的需要,但这些机构从未根本上指称它们不能开展更具政治性的、以国家为中心的项目。

国家的单边抵御能力可能已经下降,但它通过集体行动来抵制市场压力的能力在快速增长。在这个视角下,集体行动可以保障单个国家不受市场投机行为的冲击,就像20世纪90年代所发生的金融风暴,首先在西欧,接着韩国、马来西亚、泰国,甚至日本都相继爆发。为处理上述问题及其政治复杂性,诸如经济与货币联盟(Economic and Monetary Union, EMU)的宏观经济机制将为会员国提供有效保护,以抵御针对单个国家货币汇率的国际性投机。相同的逻辑也可以很容易地运用于全球资本的其他表现中。而且,通过宏观经济政策领域协调一致的行动,国家也可以大大削减绝对命令的权力(powers of categorical imperative),因为只有尽全力回应商业利益的国家,才可以维持其更为长期的经济发展。

国家抵御其环境中强势行为体和利益依赖性所带来压力的能力,于我们先前所言略有不同,在很大程度上取决于跨国甚至全球治理制度的发展与巩固。全球化与治理几乎同时获得关注并非巧合:全球化已经是跨国经济治理兴起的强劲驱动力。同时,正如我们在本章后面的内容里将要讨论的,全球化需要治理;在历史上和在当代资本主义经济中都有充分的理由说明,市场依赖于管制结构,目的是防止缺陷发展甚或失败。确实,市场是基于法律(私有财产、契约等等)及其实施权力的社会—政治结构。

重新思考传统工具

国家试图在经济全球化和社会日益增长的复杂时代中维持或夺回控制权,而同时还要全力解决它们内部的财政问题,这可能需要重新思考传统政策工具的运用。其中一部分原因在于政策问题的性质正在发生变化,另一部分原因则在于我们过去惯常使用的解决方法已经不如以往那样奏效。正如同古希腊哲学家赫拉克利特(Heraclitus)所指出的,“人不可能两次踏入同一条河流,因为河水在不停地流淌”(转引自 Morgan, 1986:233),因此我们也无法对同一个社会重申控制权,因为社会也在持续变化中。

政府系统也产生了结构性和制度关系上的变化。比如大部分中央政府都若像以往那样诉诸严格和详细的规则来控制次国家政府,最坏结果是产生副作用,而最好结果也只能是无效。地方与区域政府已经发展出了广泛的组织上的专业化与专门技能;以及更为重要的是,如果发生再集权化(recentralization),那么,维系与其环境中关键行为体所结成的治理网络将毫无意义。

同样的问题也可适用于政策制定者如何关联于中央公共行政。代理机构、准自治管理机构(quangos)以及同政策制定者保持一定距离的其他组织的建立,已使政策制定者无法使用政策工具来控制政策执行。确实,过去十年西方世界里大量行政改革的主流似乎是,政治控制越来越少了,而对官僚机构、内部竞争与能力的依赖则不断增加了(Peters & Savoie, 1998)。随着这种形式的控制的丧失,政府必须寻求增加影响力的其他机制,而且可以利用社会本身作为控制关系必要性的来源。

上述例子涉及政府内部制度关系变化的本质,但考虑到国家—社会关系,重新思考政策工具的必要性却更为明显。在这里,政策问题的性质也在发生变化,国家似乎变得日益依赖于外界(国内的或国际的)合作来有效地解决问题。当今的经济治理与仅仅几十年前已大不相同。大量西方国家当前的策略似乎主要依赖货币型工具,这种工具看上去攻击性较小,但正如我们在那些国家所见到的,它是改善宏观经济政策相当有效的手段。可以肯定的是,货币政策工具也许看起来很精巧,但美国和英国的记录证明,它们实际上的确相当强大。

由此类推,处理环境问题通常需要各国政府广泛的国际合作,以确保其有效。尽管今天所有政府根本上都同意解决污染与废弃物问题的重要性,但是,在这些措施的目的和目标应该是什么,却几乎没有达成什么共识,近期京都关于这些议题的会议就反映了这种现象。然而,与许多其他的共享问题(common-pool problem)一样(Ostrom, 1990),单个国家不可能通过实施自我牺牲政策而获益,所以一些形式的国际体制是必要的。

因此,这些政策过程中存在的一些障碍,制约着法律和管制工具的使用和效率,同时似乎更需要通过协商和其他更巧妙的政策工具来解决。这个观点适用于一系列广泛的议题,诸如环境政策、宏观经济政策、劳动力市场政策及其法律的实施,尤其是对贩毒或国际金融诈欺的打击这样的国际协调计划

(Kapstein, 1994)。所有这些最显著的是,鉴于国际(而非国内)政策措施日益增长的重要性,国家必须重新评估其政策工具的适当性。这并不是说国家重申其控制权是一种不可能实现的计划,但它确实意味着这样的策略必须以以下分析为出发点,即什么样的政策工具能最好地服务于这个目标?

因此,很多政策工具已经变得不合时宜,要么是由于以往的政策所致,要么是因为国家环境发生了变化(Woodside, 1998)。需要重新考量先前所使用的政策工具,同时也必须开发出新型的政策工具,特别是如果国家日益依赖于新的沟通工具加诸其意志于社会,比如伙伴关系和网络。

重新思考混合工具

如同以往很多常规使用的工具都需要被重新思考一样,当政策目标的本质发生改变时,当前的政府也必须重新反思混合型政策工具。国家一直在致力于发展出理想的混合工具以确保有效的政策执行:仅仅依赖于某个单一形式的政策工具不是很充分的策略,它无法确保政策执行的有效性和政策本身的一致性。传统的混合工具通常是强制性工具和鼓励性工具的结合,这两种工具的相对比重在不同的国家情景下存在着实质性差别。

一般而言,如之前提到的,治理的兴起意味着强制性或管制性工具的重要性在降低,而“较为软性”的工具的重要性增加了。在“国家重申控制权”的剧本中,我们期望见到国家会为了保证能以最小的强制来获得最大的遵从而设计和选择政策工具;我们对国家如何重获其所丧失的控制权的一般看法是,国家这么做并非靠回归到20世纪50年代或60年代的国家—社会关系,而是靠发展出一套国家重申控制权的策略,来适应21世纪早期的社会和经济状况。这套策略中的一个构成要素是重新设计混合政策工具以达到过去混合工具所能达成的目标,但较少使用直接政治与行政力量。

国家的管制角色在某种程度上,即使在不同的国家—社会情境中也依然重要,这很有可能将在法律和司法领域显现。这有多方面的原因。其中一个是由于国家与社会中的行为体和利益集团的关系在朝志愿参与的方向改变,因此,对于这些伙伴关系或其他形式联合行动进行规则界定的需求将会不断增长。

另一个理由是管制框架将很可能会取代某些更为严格的国家政策工具,所以,有必要对这些框架及其意义进行恰当的界定。

正向相互依赖

“重申控制权”剧本的一个关键方面,可能有点些讽刺意味的是,政府一定程度上对经济的持续控制是必要的,这可以确保经济不会引发分配失灵。这个观点并不是说受控制的或被管制市场在政治标准下表现更佳,而是说,政府是根据市场的标准来控制或管制市场的。很长时期以来,这个观点的立场是颇有争议的——而且在铁杆的市场理论家那里也可能存有争议。然而,在真实的世界里,战后西欧宏观经济发展清楚地显示,总体上说,市场管制对经济产生了积极影响(Brenner, 1991; Galbraith, 1967; Kenworthy, 1995; Miliband, 1969; Polanyi, 1941; Schumpeter, 1975; Shonfield, 1965)。

国家广泛运用各种手段来提升市场效率,比如,以法律框架确保合同法、私有财产权,以及为消费者与生产者提供无限制的市场准入渠道。此外,还有大量相关的政策工具同样(如果不是更加)重要以防止市场失败,包括帮助抑制通货膨胀的财政和其他宏观经济政策;劳动力—市场政策减少劳动力市场中的交易成本;教育是经济发展的前提;研究和发展政策提供风险投资并帮助企业克服通常因发展新技术而带来的巨大成本。

一些人甚至以这些论点证明,国家—市场的区分根本上说是一种错误的二分法,因为市场依赖于规制与控制以有效运作(Boyer & Drache, 1996)。尽管这种观点仍有待论证,但重要的是承认当前分析性的情境,即国家追求这些市场强化政策是有原因的:经济扩张是国家的即期利益,但国家本身不能成为这些市场中的行为体。因此,国家保障经济增长的两个途径是,第一,努力消除或遏制市场失败的源头;第二,解决易由经济引发的集体行动问题。

这种政治经济观点从几个重要方面阐述了当前有关新治理的讨论。一个重要的结论是,这种国家驱动合作的特定模式绝不是一种新现象。通过界定合同法与私有财产权,也就是,通过界定经济的基本法则,国家在资本主义经济历史上扮演着至关重要的角色。更晚近以来，通过提供教育和基础设施，国家积极致力于经济增长。肯沃思(Kenworthy, 1995)认为市场倾向于抑制合作行为，他相信合作是强劲经济表现的前提，但国家通过它的制度结构能提升和鼓励这样的合作行为。这种观点为国家在经济中的这种角色提供了更广泛、更完整的解释。国家，也只有国家，才能解决阻碍经济增长的集体行动问题，但这种问题是由资本主义经济本身所造成的(Pierre, 1997a)。

此外，如果国家对市场的干预对经济表现而言是至关重要的，那么作为治理剧本的重申控制权就不应遭受当前市场—主导体制的较多抵抗。无可否认，这是一个被建构起来的论证，因为这些政治团体依然是经济中任何政府存在的最明确的批判力量。但是，随着克林顿取代布什、布莱尔取代梅杰、保守党沦为在野党，看来至少英国关于政治经济的辩论在市场政治控制的批评上已不再那么武断了。金融市场解制的情形往往如此，宏观经济政策的消极结果完全集中于促进整个西方世界的经济增长——解除很多核心社会服务和许多国家两位数的失业率——培育了一种强有力的支持局面，能够维持对经济和社会重申更强政治控制的国家策略。

最后，我们稍后在本章中将做一些详述，国家在经济中的协调角色是一种理想的安置，国家也可以增进自身的利益，而不只是在有效的市场治理中满足各种经济行为体的利益。更具体来讲，国家统治经济是为了防止经济中固有的反常，比如，重要部门的垄断或通胀率的上升可以由表达国家在经济中利益的政策来补充合适的宏观经济政策。这种措施包括在私人消费市场中抑制通货膨胀，以便让国家在劳动力市场项目中增加支出，正如我们看到的20世纪70年代和80年代早期一些西欧国家所发生的那种情形。另一个例子是里根政府为了推动经济发展而积极地削减联邦官僚机构的成本以及废止多项社会福利计划，但与此同时，在星球大战计划上投入了大量资源。因此，国家试图强加给经济的特定措施是政府意识形态取向的一个直接反映。

与大多数其他的政策部门相比，政府在经济政策领域中向来受到更多约束。政府想做的往往不得不屈从于它必须做的，而且它会受到大量结构性因素的制约，特别是，控制和引导关键经济行为体的能力十分有限(Grant, 1993)。

的确,政府时不时会做出一些挥霍性支出,比如在大选年里就这样(Hibbs, 1987),但是这些只是例外,而非通则。控制和管制经济对任何政府来说都是至关重要的,因为如果没有充分一致地发挥这些作用,经济就不会增长,而这种增长构成了政府项目的财政支柱。同时,宏观经济政策领域中的跨国制度不断紧盯着各国政府的经济政策。这种现象在欧盟与和经济与货币联盟的背景下尤为明显,它们希望大幅降低国家经济政策的自主性。

这种将经济政策视为极为"狭隘的"和受约束的公共政策领域的观点,可能会认为这个政策部门里几乎没有什么内容与国家重申控制权的剧本相符合。然而,在治理视角下审视不同类型的约束则表明,"统治"视角下的约束被视为是一种治理能力的来源。因此,那种认为政府对私人资本只具有有限政治和行政影响力的观念(比如参见 Offe, 1985),是一种源自对政府及其工具传统观点的反映。治理视角认为,政府寻求在同私人资本的非强制协调中发挥作用,相较于传统的政府形象的情况,很可能会在信息获取、传递观点与目标方面得到更多(参见 Khademian, 1996)。

出于同样原因,虽然跨国体制对单个国家的经济政策进行了严格控制,但国家也可以从这些跨国制度中获得一些治理能力。在治理视角下审视国家—国际间的交换,意味着政府对经济的额外影响并不会造成太多约束,因为民族国家的政府输入了跨国宏观经济规范,而且同国际货币投机相比,作为国际组织的成员国,也享受着一种"人多势众的安全"(safety in numbers)。因此,将治理方法运用于经济政策,就把经济的治理力与政府在这个领域的影响力这个议题放在了一个较新的视角之中。

如果不把资本主义经济的变迁速度因素考虑进去,经济治理中的国家角色就无法得到正确的理解(Hollingsworth et al., 1994; Hollingsworth & Boyer, 1997)。不同学派的思想为国家与经济之间的关系提供了不同的解释。传统的自由主义观点认为,国家的运作与重新建构基本上可以独立于经济变迁之外;这是传统的政府观点。争论的另外一方,新马克思主义很长时间来一直认为,国家的结构化组织反映了——并被嵌入于——资本主义经济的当代本质及其为国家界定的角色(Jessop, 1982; Pickvance & Preteceille, 1991)。在这个观点中,20世纪50年代、60年代及70年代国家的制度结构很好地满足了“福特主义”经济的需求,强调标准化、规模经济与垂直组织整合。但是国家现在被嵌入不同的资本主义模式之中。“福特主义”已逐渐被“后福特主义”经济所取代,后者强调的是弹性生产与专业化(Hirsch, 1991; Jessop, 1995; Stoker, 1990)。

这两种观点都是夸张的。自由主义观点看来,如果没有结构(configuration)和典型做法(*modus operandi*)上的参照,就想理解国家,那是一种国家至高无上性的理想化意象,如果真有的话,也几乎没有经验性诠释。类似地,新马克思主义观点以为国家从属于经济和结构变迁,主要是为了满足资本主义体系再生产的需要,从而否认国家具有任何自主性利益或目的,更重要的是,指出了整个西方世界国家转型的一致性,而这并不存在。更细微不同的观点检视了不同的资本主义形式倾向于衍生出何种不同类型的集体行动问题,以及国家如何介入解决这些问题。比如单个企业行为体来发展它们自己的教育项目或基础设施,是缺乏经济诱因的;但对所有企业行为体而言,熟练劳动力和有效的基础设施建设对它们的运行是非常关键的。尽管这些集体行动问题的本质因资本主义经济的发展程度而有所差异,但事实仍然是,国家在解决这些问题方面一直扮演着关键角色。然而,这远不能说国家没有任何自身的政治导向。

就当前的分析而言,我们也必须承认,不同的资本主义模式要求不同的治理形态,而且,国家无疑比其他行动者更适合扮演一些角色。比起后福特主义经济模式,国家似乎曾更好地适应了福特主义经济,这尤其是因为国家与福特主义经济之间具有更高程度的制度“契合”;公共官僚制的韦伯模式在许多方面都是福特主义经济秩序的镜像。因此,对已经由福特主义发展到后福特主义模式的经济重申控制权,很可能需要实质性的制度变革以确保成功。

在治理模式兴起的视角下,国家与市场间有两种正向相互依赖模式值得注意。一个是,人们发现国家有必要协调私人部门的活动。相较于“为了保障市场效率,市场中的政治干预是必要的”和“为了保障政治目标,市场中政治力量的存在是必要的”这两种说法,这是一种更为宽广的视角。它包含的观点是,国家——通过其政治权威的优势——是社会中唯一能中立地对私人利益矛盾起到调节作用的结构,比如在劳动力市场中。在本章的后面部分,我们将回头检视这种作为控制手段的掮客的方方面面。

国家可能扮演重要角色的另一个领域,是缓和与协调全球化与区域化之间的互动。这在当下正高速发展,而对国家角色最好的描述大概是,对中央与次国家政府角色的变迁进行管理。我们认为区域化(将会在下一章加以探讨)既不是当前制度变革过程的最终目标,也不会像那些最极端的观点所认为的那样要将国家"空心化"(hollow out)(Ohmae, 1995)。更为可能的剧本是,国家将为适应区域化而转型(事实上,国家正以各种不同方式进行转型),正如它为回应全球化而进行着的转型。我们之前提到,在调节全球化与区域化的关系上国家所能做的可能与它想做的并不是同一件事情。有些政府以断然的怀疑主义观点看待区域化,而其他政府则抱以更积极的态度。

作为控制形式的掮客

将掮客视为一种控制形式的观念,并不直接与治理理论相关,尽管它恰好符合政治"调控"的治理模型。我们只需考虑一下,在利益表达与政策制定的统合主义模型中的国家角色能出色地说明这种掮客和它所提供的权力基础。这种模型有时被视为利益代理的"铁三角"安排("tripartite" arrangement),指出国家应该只是谈判桌上的三方之一。在一些特定问题上,情况可能就是这样,但作为统合主义体系中国家角色的一般性描述,这可能与实际情况并不相符。

当我们评估国家的掮客角色是否和如何提供了政治影响力时,利益代理的本质就成为一个非常重要的因素。统合主义模型的本质是(或更正确地说,曾经是)具有高度组织内聚力与控制力的利益集团的最高代表。在这种一度被约翰·P.奥尔森(Johan P.Olsen, 1983)称为"组织化的民主"(organized democracies)中,国家有各种可能为其自身目的发掘利益代理,主要确保利益集团对政策的遵循。这里,掮客角色(尽管重要)曾伴随更为复杂的角色,在那里,国家与组织化的利益集团进行着持续往来。在政策制定与利益代理的其他模式中,国家的角色更加多样化,但即使在那些模式中,国家能通过不同社会行为体之间的管制交易实施控制。故而,国家能够在何种程度上利用掮客角色作为控制手段，在一定程度上取决于社会中的利益结构。

这种情境下的另一个重要因素是将国家在社会中的角色置于更宽广的视角中。在不稳定的环境中，国家仍然是合法的权力中心。如同我们之前所指，似乎只有国家有能力抵御来自强势社会和经济行为体的压力。这种通过掮客角色进行国家“调控”的观念，对于发达国家之外的其他国家尤为重要。在很多市民社会虚弱、政治与社会代理体系仍不发达的发展中国家，国家——尽管存在频发的赞助问题与寻租行为——依然是社会中在种程度上持续的且与部门或企业利益相绝缘的唯一结构。

国家可以重申控制权吗？

最后，我们需要问自己这是个什么样的剧本：国家有何种意愿重申控制权，以及它们怎样实现？如果国家反转这个过程，也就是减少控制，那么这种策略的目的是什么，将对经济造成何种影响？如果全球化与区域化没有获得目前这样的发展，那么，国家即使成功地重申了控制权，是否会丧失它历史角色的重要性，或者增补为国际制度的成员？

让我们首先来讨论重申控制权的政治与制度基本原理。国家重申控制权的最基本与最本质的规范性理由似乎是，国家（不仅在历史上）是民主政府与社会转型的一项无可争议的工具。由于社会中没有其他行为体可以承担这些角色，我们必须避免资源与合法性上的“国家空心化”。如果全球化与区域化的确那样做了，那么，重申某些形式的国家控制权则具备了规范性基础。这种控制绝不只是象征性的：因为国家是最重要的政治代理渠道，其制度必须对社会与经济具有真正的影响力。但这并不意味着全球化和区域化天然应该是“非民主”发展。我们在此希望指出的是，由于制度性适应通常是缓慢的，所以即便在如此深刻的全球化与区域化制度变革下，我们必须确保一些胜任的、有意义的政治代理形式的存在。

其次，国家是否真的有权力上的必要性来重申控制权？是，也不是。我们在整章中一直强调的观点是，国家重申控制权并不等同于退化到 20 世纪 60 年代或70年代的政治、经济和制度模式。相反,这种重申应被视为这样一种过程,即通过运用更适合于当前国家经济与社会的政策工具,国家夺回它已经让渡给次国家政府、跨国体制或市场的影响力与控制权。我们并不认为,国家可以诉诸先前采用的管制模式——至少不能没有大量的政治与经济投入。

这些问题最终反映出国家与社会之间关系中两个更宽广的方面。第一个指的是国家在社会转型中的角色,或更具体来讲,国家在何种程度上是这种变化的指挥者与协调者,或者,是否它只是对其环境的变迁做出回应。这显然是一个值得专著论述的问题——甚或系列著述。简短的回答或许是,我们作为国家转型的观察者,倾向于夸大国家优先于全球化的力量,以及这种力量如今输给其他行为体的程度。即便政治精英与高级文官花费大量时间尝试查明如何回应全球化与区域化,但远不能说国家制度正在变得过时。

第二个方面是,在何种程度上国家能够充分地协调其宏观经济政策,以便确保所有国家为市场行为体提供一套极其相似的政策?如果我们用欧洲一体化过程作为一个经验性的案例,那么,这种观点并没有给人们留下深刻印象。当然,欧洲一体化已经落实了高度协调,但是,正如关于经济与货币联盟的辩论所显示的,这些方面仍有大量未尽事宜。允许其他体制参与治理,在政治精英和街头平民中,都极易引发焦虑,这我们将在下一章中进行探讨。

第 6 章 | 剧本 2:允许其他体制参与治理

伴随着全球化,20 世纪 90 年代社会与经济治理中最为深刻的两项变革或许为:一是跨国或全球治理体系与制度的重要性日益增强;二是次国家政府作为国际舞台上行为体的兴起(Fry, 1998)。这些趋势的许多观察者都从国家衰退的角度探讨了全球化的集聚效应、国际制度的强化,以及次国家政府走向国际化,这一点并不令人感到惊讶。如果由于国家对其代理机构与其他执行机构放松控制而造成对上、对下及对内失去控制,那么,国家实际上剩下了什么,到那时,国家还可以凭什么来实现控制权?正如我们在这些关于民族国家未来的结论中所看到的清晰逻辑那样,更仔细审视这些发展,人们发现,这些正在发生的逐步转型,比如国家制度、政策偏好、国内联盟,以及(在一个更大视角上)国家在社会中的角色,可能并不意味着国家的衰退(Evans, 1997; Hirst & Thompson, 1996; Keohane & Milner, 1996)。

本章中我们将讨论三种治理剧本中的第二种。这个剧本把国家描述为:它正在逐渐让步,并允许次国家和国际的制度与行为体赢取其重要性。与上一章有点假设意味的剧本不同的是,这个剧本多已存在于现实中,甚至随手翻翻《金融时报》(*Financial Times*)或《经济学人》(*The Economist*)便可证实。所以,尽管当前的一些发展仍在进行中,就此对最后结果做出评估还为时尚早,但我们无需怀疑这个剧本的可能性。这里的关键问题反而是,理解什么因素推动了这个过程,最可能的终极目标是什么,以及从长远来看,它将如何影响国家。

然而在进入这项议题之前,我们需要简要阐明我们所言的"允许"(letting)其他行为体或行为群体参与治理是什么含义。这里的文字选用是审慎的。贯穿本书的主题之一是以国家为中心的治理途径:我们相信,要理解不同治理形式的兴起,没有比传统政府模式更好的出发点。故而,当我们说"允许"其他体制参与治理时,我们说的是,这是一项有意识的国家战略,其目的是为了获得更大的控制权与自主性,而远非国家对地方与跨国压力的屈从。诸如欧盟、世贸组织及东盟等跨国或全球性组织重要性的日益增加,是一个若无民族国家政府支持便不会获得任何势头的过程。类似地,在很多国家,次国家政府想要发展国际网络的兴趣在日益增加,而这种发展也建立在国家容许的基础上。虽然少有证据表明会有政府会禁止地方或地区组织寻求国际化,但政府确实拥有法律与行政影响力,只要它们选择这么做。

因此,我们更应该把"允许"(letting)这个词解读为容许有(allowing for)特定过程的发生、而非屈从(surrendering)于它们。这种规则的唯一小例外是区域化形态,这是由深深地根植于历史中的文化或民族情感,抑或地域认同所驱动的。苏格兰、加泰罗尼亚及魁北克是这种区域认同类型三个著名的例证,这种类型比民族国家更为古老,因此不应该将其与近期的区域化现象等同视之,后者在很大程度上是经济发展战略的一部分(Keating, 1996)。而且,这种政治动员并非由应对世界市场的经济逻辑所驱动,而更多的是出自原始情感。

来自下层的压力

在某种程度上,与"统治"截然不同,对当今治理的兴趣源于各级政府不同机构之间关系的变化。即便在中央高度集权的国家,中央政府控制次国家政府的传统模式似乎正在衰落(Trosa & Crozier, 1994);因此,寻找政策协调替代形式的兴趣在不断增加。在更传统的模式中,中央政府通过各种管制、立法及专项财政资源的混合工具,对地方政府进行相当密切的控制。当前这种控制多已放松:在许多案例中,国家补贴已并入统筹补贴(non-categorical grant),而地方政府通过提供公共服务上获得了更大的影响力。即使对地方政府的一般性补贴减少了(例如美国),专项补贴(categorical grant)也正在被限制性较少的分类财政补贴(block grant)所取代(Conlan, 1998)。

然而,在这些改革被引入的同时,国家仍然是唯一可以为整个国家制定与执行政策的制度结构;国家仍是集体利益的主导性载体。在更长期来看,我们应该期待国家要么建立代议制,正如在许多国家环境中已经发生的那样(如西班牙自治与苏格兰),要么适应它们的新角色并加强影响力与行政能力。然而,短期来看,区域化带来一种“民主赤字”(democratic deficit),正如欧盟专家有时用它来指这样一种现象,即被赋予了更多自主性与能力的机构,却缺乏代议渠道来确保选举投入(electoral input)与责任制。

整个西方世界的这些发展与到目前为止我们所讨论的并不一致。在英国——这个国家中央—地方政府的相对关系方面不止一次被视为特殊案例——仍然对次国家政府进行相当大的控制。“越权”(*ultra vires*)原则指出,地方政府只能做议会所允许做的事,别无他事。这种中央集权的管制风格与北欧国家大相径庭,后者的地方自主性由宪法进行宽大的界定,这是规制性约束而非规制性权力。不仅如此,当一些国家的中央政府对教育的管制业已放松时,英国仍然反其道而行,近期还引入了全国性课程。

在欧洲,正在兴起的争议是“多层次治理”,其中治理活动同时发生于全部三级政府:欧盟、民族国家和各类次国家区域(Marks et al., 1996)。

超越国家的区域

非常重要的一点是,不能仅以民族国家框架中的组织化政治来解释当前走向区域化的过程。大多数观察家很可能会证明,区域化的一个更强的驱动力已经是一种在区域内增大的意识,因为它们未来的繁荣在很大程度上取决于对区域内共同认知的发展,以及更多从区域而非地方议题视角对经济发展的思考(但参见 Evans & Harding, 1997)。在这个视角下,国家不再以各种形式的财政资源支持区域,类似的是,地方政府系统太弱且分散而无法处理这些议题,也无法提供足够的政治代议渠道。由此,国家太大、太穷,而城市又太小,都无法着手此类议题,故而,区域往往被视为最有力且适当的组织层级,来解决当今政治议程的首要问题。比如在美国,州已经变成经济发展的主要行为体,部分原因是它们的能力超越单个城市,且影响版图更辽阔。此外,治理者发现,“创造就业”是连任的有力政治武器。

将区域和城市日益增加的重要性与包罗万象的公共政策的重大变迁——尤其是大多数西方国家的大型综合项目看起来在衰退,公共服务的公民参与和“顾客和谐”(customer-attuning)被日益强调——联系起来,同样是诱人的(Clarke & Newman, 1997)。这种公共服务设计与提供的转变,逻辑上将产生政府机构的组织衍生物以及转变控制权的下移。同时,至少在美国与加拿大,州和省政府对客户导向项目特别在行,划定了该级政府执行直接服务的范围与商业规程。

次国家政府要求控制权的声浪日益增加,这在某种程度上取决于区域和地方层级制度的强度与组织的专业化。有趣的是,本章后续部分将会讨论的国家功能的分权化与职能移转在相当程度上正促使了上述现象的发生。的确,如此做法使许多国家的中央政府“制造出完美怪兽”(built the perfect beast):为了可以执行分权化改革,国家开始加强次国家政府的力量,并在这方面取得了如此的成功,以至于地方与区域当局发展了足够的组织强度与专业化来对抗中央政府的“调控”与控制(Pieer, 1994)。相反,次国家政府成为了强有力的制度工具,强化了区域与地方利益,有时在某种程度上与国家存在冲突。

而且,区域兴起为强势行为体,是被欧盟及其“区域的欧洲”(Europe of the Regions)设想有力推动的,本章稍后将继续论述。这种旨在为区域“赋能”的政策范式(Smyrl, 1997),尽管在其他区域化方面带来的效果(参见 Keating & Loughlin, 1997)还不明显,但已明确推动了区域的经济。当这种政策启动后,与财政资源的相关度愈发明显时,原本协调不足并分散的区域看到了强大的诱因去发展组织凝聚力,并制定那些被欧盟委员会与结构基金会(Structural Funds)所欢迎的政策与项目(Adshead & Quinn, 1998)。

因此,迈向更强的次国家政府的发展部分由于各国先前旨在使公共部门分权化的政策,部分则是次国家政府层面更加自发的过程的结果。次国家政府的强化,反过来也为它们超越国家及发展国际网络的兴趣提供了一个良好解释(Fry et al., 1989; Hobbs, 1999)。另外,我们正见证着地方和区域层面政治与经济的动态增长。作为刺激地方经济的手段,经济发展战略越来越多地包含在国际条约中,这个过程普遍超越了民族国家。

然而,必须要注意的是,我们目前所见到的区域主义的兴起,大多属于新的且不同类型的区域主义,那更多的是市场导向的区域主义,而非历史上的区域主义意涵。在很大程度上,当今的区域主义觉察政治制度主要迎合城市或区域中商业需求,例如,通过与城市和区域发展网络,则企业可以发现市场。次国家行为体之前所创造的诸如姊妹城市那样的国际网络,其主要目的在于促进文化交流。故而,或许以下说法并不太夸张,即尽管城市和区域以往将经济合作作为促进文化交流的手段,而现在他们通过促进文化交往来刺激商业部门。

再次,这种模式的关键例外,在于以强烈的民族与文化情感为基础的区域主义形式(Malmström, 1998)。先前已提到,似乎很清楚的是这种区域(其中典型的例子如魁北克)也寻求激进策略以刺激区域经济发展,比如开创海外代表办公室(Keating, 1996)。这样的情形下,区域化可能不是被经济考虑所推动的,而是一旦受到政治刺激,区域化便可能通过某些经济发展项目展现出来。

国家职能的让渡

正如之前提及的,几乎整个西方世界都见证了国家——包括那些在历史上应该被归类为“强势国家”——均进行了广泛的分权化,让渡过去属于国家的职能与项目。有时,这样的分权化有着特殊的基础,比如单个的公共服务项目由中央移转到地方的情况。然而更常见的是,国家引导制度化政治的整个价值体系产生了截然不同的改变。这种权力让渡同时转向地方和区域政府。许多早期让渡都是从国家到地方政府,而更近的改革目标在于强化区域层级的政府。后期的这些改革,包括国家职能转变与制度建立,旨在提升区域层级的凝聚力、协调性,以及一些情况下区域层级的政治代议。

故而,法国密特朗政府在 20 世纪 80 年代早期开始进行相当广泛的分权化改革,将中央政府权威大量地让渡给省(*départements*),后来也让渡给各地方政府(Loughlin & Mazey, 1995)。尽管分权化步伐在 20 世纪 80 年代后期慢了下来,现在似乎又重新赶了上去。大约在相同时间,北欧国家也掀起了类似的全面分权化浪潮。在过去的几十年间,西班牙与意大利也进行了制度改革,目的在于强化区域层级政府(Evans & Harding, 1997)。最后,甚至日本这个在历史上属于中央高度集权的国家，过去十年也进行了分权化改革，虽然它只是一种临时权宜之计(Horie, 1996)。

许多联邦体系中也有类似的过程。美国便是如此，里根政府奉行"新联邦主义"(The New Federalism)，撇开这个引人注意的标签，主要是大幅削减联邦行政机构，并在组织体系中将大量公共服务项目的财政职责向下转移，尤其是福利部门。克林顿政府将这种分权化模式向前推进一步，最著名的便是1996年的福利改革。在德国——已经高度分权化的体系——更进一步以乡镇(*Länder*)与城市作为行政改革的基础，以尝试拉近公民与公共部门之间的距离(Derlien, 1995)。

英国的发展情况则略有不同，这主要归因于英国超强的乡绅(*étatiste*)传统(Dyson, 1980)和区域自治的政治化，这主要是考虑到苏格兰的因素。具有讽刺意味的是，正如邓利维(Dunleavy, 1989)指出的，我们不应该期待具有强大离心力的国家拥有强大的"国家主义"，任何人也不应该期待撒切尔政府能够在有限任期内对此作出很多改观。

过去二十年，英国进行了三种形式的权力下放。第一波改革发生在20世纪80年代，旨在放开地方政府与私有企业之间的各种合作形式，许多工党执政的城市对该方案持有强烈怀疑。接下来的情况是，一些在历史上高度受限的地方政府开始被赋予更多权力，这是它们并不愿承担的，但大多都付诸实行了，于是构成了哈丁所言的"散弹枪合作"(shotgun partnerships)(Harding, 1998)。

第二波也是更近的一次权力下放浪潮要回溯到1994年，那时创建了英国区域政府办公室(the Government Offices for the English Regions) (Mawson & Spencer, 1997)。该办公室的主要目的在于强化区域制度层级，以促进更高级别的政治与行政协调，并在各区域与白厅(Whitehall)之间发展一个单独接口(single interface)。一些观察家认为这项改革是"在相当长的一段时间内，白厅/区域机构最重要的发展之一"(Mawson & Spencer, 1997: 83)。其他机构，尤其在某些中央政府构成(比如下议院的贸易与工业委员会)，则更多地对此项改革持怀疑态度(参见Mawson & Spencer, 1997)。

区域制度改革的第三部分是创立了(或者更准确说，重新创立)苏格兰议会

(Scottish Parliament)。这是呼吁让苏格兰拥有更强自主性与独立性的支持者与中央政府持续商讨的结果，因而相较于白厅与爱丁堡的苏格兰办公室(Scottish Offices)，这代表了完全不同类型的区域制度改革。不过到目前为止也有一些相似之处，两类改革均重视在日益重要的区域层级政府中羸弱的民主代表性(参见 Evans & Harding, 1997)。

在欧洲，这种分权模式已经受到欧盟及其区域政策的强烈支持。"区域的欧洲"理念清楚地指出，欧盟将区域层级视为促进经济发展与结构调整的主要"范式"。如前所述，这种概念也对协调不足及地方认同薄弱的区域有正面影响：欧盟的策略是，只将结构基金会中的资金发放给可以提出发展计划的区域，计划的内容则是在政治组织与私人企业之间形成合作关系，这个战略很可能为很多区域提供强劲动力，从而达成它们著名的"共同行动"(act together)。

对西方世界的区域性制度改革展开扼要介绍，并不代表对这些变革的全盘接受(Le Galès & Lequesne, 1998)。然而，这些介绍表明多数先进国家都历经了深刻的结构性变革，而不是人们通常可能理解的那样。撇开其他不谈，这些深刻的制度改革表明，国家是更具弹性与适应性的系统，而非某些观察家认为的那样，将次国家行为体能力的增加视为国家式微的指标。这也说明，制度性调适的缓慢或不足也有一些重要例证。如同本章稍后所要讨论的，"允许其他体制参与治理"是一种哲学，在某种程度上说明国家的制度安排与国家环境中的力量变化之间的"契合度"在日益减少。

在我们审视改革的结果(包括次国家相对于国家更大的独立性，以及它们运用了何种治理模式)之前，我们需要简要讨论这些改革的动力。我们可以找出一些原因来解释，为什么这么多国家在过去几十年中进行了广泛的分权化改革(概述参见 Pierre, 1997b; Sharpe, 1988)。国家的财政压力加剧，一方面源于公共部门与公共服务的增长，另一方面源于 20 世纪 70 年代早期经济的结构性问题。为了努力平衡预算，很多国家的中央政府开始将责任"分派"(hived off)给次国家政府(Sharpe, 1988)。这种处理经济危机的策略通常以下述名目出现：国家机构需要进行分权化，以及让公共服务的提供更具地方多样性。然而，对多数地方与区域政府而言，这项改革具有双重好处，因为它们可以对服务和项目获得更大的财政职责,而它们已经对这些拥有了更多的自主控制权(Pierre, 1994)。

那就是说,许多中央政府也已真正理解,可以通过地方政府专业化的增加而获取收益(Laffin & Young, 1990)。在战后早期,地方政府的人员配置往往非常匮乏,且没什么行政与管理事务的专业技术。因为国家对大多数地方政府的服务供给进行密切监控,所以对于专业技术的要求也不需要很高。到20世纪八九十年代,这种情况发生了根本变化:公平地讲,由于地方政府专业化的提升,次国家政府对公共管理与服务提供变得同中央政府一样精明。以美国为例,联邦政府已经倾向于向州与地方政府借鉴管理理念[戈尔报告(Gore Report)中的"再造"(reinvention)],而非相反。

第三,分权化已被视为一种制度性回应,是对公共部门官僚惰性日益增加的批判。在20世纪80年代,这种大型公共官僚机构所遭遇的挫折横扫西欧与北美,减损了公共部门作为服务提供者而言很大的合法性。为了缓解这些问题,国家发展出许多拉近公民与公共机构之间距离的方法(参见Pierre, 1995b),并促使公共服务更为丰富的多样化。这项策略的一个关键要素,就是赋予更基层的机构更多的自主性。

急于将分权化近乎全面地作为制度改革目标的第四个原因是,民族国家中有一种日益增强的倾向,即参照其他国家如何解决类似问题,然后在其管辖范围内应用相似的解决方案。人们认为这种政策转换(包括实质性的政策与管理技巧)取决于国家在其管辖范围内如何发展与执行政策理念,至少在某些政策部门内如此(Dolowitz & Marsh, 1997; Peters, 1997b)。

不仅如此,一些观察家发现区域化与国际化之间存在密切联系,并认为分权与更强的区域政府是国家对国际化的恰当回应(Evans & Harding, 1997)。有些学者将这种论断推向极端,认为国家不太适用于今天的全球经济,而"'区域国家'(region states)……才能真正解决问题并使市场繁荣"(Ohmae, 1995: 5),这才是最具活力与适当的制度安排。

然而另一种论断认为,当前的分权化现象证明了公共政策与制度安排之间的密切关系。20世纪六七十年代的综合性政府项目大量消失,源于国家财政的锐减、对市场的强烈信念,以及对社会问题的非集体性解决方案。相反,地方主义越来越受到强调,小而有效的公共服务供给者提供的适当服务满足了地方需求。与此略为不同的是,我们所见证的是以制度重建来满足"管理型国家"(managerial state)的组织需求(Clarke & Newman, 1997),正如前面所指出的一样。在组织理论中,不同国家层级中机构"范围"的变化可以被视为零和博弈,其中"尽管国家的让步是相对的,却为各城市开放了新的机会"(Le Galès & Harding, 1998:142)。故而,地方与地区政府地位的提升更多地是由国家的让步所导致,而非国家的特点战略允许次国家政府更多自主性。

因此,我们可以辨别促成分权化的几项不同要素。各项要素的重要性很大程度上取决于不同的国家环境,包括不同的国家建设路径(Dyson, 1980)以及次国家自主性的历史。有些分权化改革很明显是由国家发起并执行的,而其他一些则反映出对地方和区域制度与利益的自信日渐增强。分权化的这两个方面,在某种程度上均与前面所反复提及的现象有关:国家发起的分权化为具有更多自主性的政策和策略提供了大量的制度性工具,这是当前许多国家中的区域所追求的。

次国家政府与治理

在关注了一些强化次国家政府的动力之后,我们应该问自己:首先,在多大程度上,这些发展构成了新的治理模式?其次,这种治理模式的兴起,在多大程度上对国家作为目标设定与协调的来源这个角色构成了挑战?尽管风靡一时,但实际上为公民提供公共服务方式的改变可能是很少的。

当前许多区域所追求的能使其更国际化的策略,比通常所认为的组织与政治上的挑战更大。某种程度上,走向国际化已成为世界上大量国家中的次国家政府的潮流。在一些案例中,国际化的方案并未得以恰当规划,目标也未很好地被界定,而最重要的是,城市或区域缺乏必要的内部凝聚力和协调性,也缺乏成为国际行为体并受益于海外合作的许多结构性、经济性或文化前提(Beauregard & Pierre, 1998)。

这些国际化项目构成了新兴的治理形式吗?不,它们没有构成,至少现在没有构成,它们自己也不是新的形式。除了极少数特别的例外,我们尚未见到任何具有系统性的治理模式超越了民族国家范式,即跨国制度还没能协调与指导次国家政府。稍早提到的“议程 21”是呈现出全球治理已经超越国家并直接指导次国家机构的少数几个例证之一。同时,虽然“区域的欧洲”哲学似乎在欧洲成为日益重要的治理类型,但是我们仍然很难看到这种制度安排完全付诸实施与制度化。在欧盟的更大政策规划与执行框架中,国家仍然扮演极为重要的角色。区域是这些政策的共同目标,这个事实并不意味着欧盟的治理可以直接连接地区并实现跨国制度的互动。

概括说来略有不同的是,一个区域超越国家的现象在特定环境中可以成为全球—地方治理模型的要素,这也是我们仅见到的第一项要素。然而另一项观察更为重要,即国际化与治理之间的联系是:尽管这种策略的目标不是巩固全球—地方治理类型,但它们是以区域内的高度制度化与政治化的协调为条件。当前一些国家的制度改革可以说都是服务于这个目的;并将系统内的协调作为有效参与更大跨国系统的前提。然而,从结构上看,欧洲的区域政府仍然羸弱(Le Galès & Lequesne, 1998)。

因此,次国家的国际化并非(仍未)向新的全球—地方治理模型迈出一步,而是一种基于并强化区域治理的经济发展战略形式。对协调性及政策连贯性的这种需求“汇集”(trickles down)在制度等级中,如同勒·盖尔(Le Galès, 1998: 242)的论断,“全球化的影响首先似乎在于强化地域性的次区域动员(territorial sub-regional mobilisation)以进行抵抗或适应,也就是说,它在这个层面上强化了政治过程”。

我们的第二个问题是:在多大程度上,次国家层级的国际化会干预以国家为中心的治理?像之前一样,我们很难给予这些问题一个清晰的解答,因为我们尚未见到一些当前(与同时期)的趋势或发展的最终结果。这就是说,看起来非常明确的是,国际化的成功案例将使次国家政府——不同程度的和跨越各种政策部门的——得以逃避一些来自中央政府的控制。国际化的次国家机构可以汲取资源,这使它们可以开展那些原本无法在国家框架中实现的项目。拥有强大海外网络的区域和城市,无须遵循或回应诸如产业政策这样的国家政策部门，因为对国家政策保持服从及配合其规划并未带来什么收益。在这个视角下，次国家化的确使以国家为中心的治理变得复杂。如同我们在前一章所讨论的，从国家的角度来说，这种发展引发人们对一些传统政策工具以及相应的地方与区域政府进行重新思考。

但是我们亦可以从略微不同的视角来审视这些问题，并提出疑问：区域在多大程度上必须被动的在以下两种角色中做出选择，一是走向国际化，二是维持由母国所执掌的既存治理模式的整合性参与？若相对于区域，国家主导的治理旨在支持经济发展，则实在很难找出理由说明为什么要在这两种策略选项之间做出权衡或零和博弈。更确切地说，这两种可选舞台的存在，显现出使次国家政府能够达成其目标的最大可能性。

为理解这些问题，我们不仅需注意治理的实质功能（*strictu sensu*），还需注意治理的组织政治。由于受到了中央政府的忽略甚至歧视，有些城市与区域已经筹划国际化方案。那些已经成功跃居国际舞台的城市，诸如西雅图、亚特兰大、巴塞罗那、大阪、圣保罗及法兰克福，都已经在各种程度上跟中央政府对着干。这种对立往往是由历史或文化的地域认同模式所驱动的，或者因不同都会地区之间的政治与经济竞争所导致，也有可能根源于国家的区域政策。情况也可能是，这些城市认为民族国家能为它们做的事不多（因为这些城市的规模都很大，以致被认为不需要国家的支持，特别是，当争取国家支持的国内竞争进行得十分激烈的时候），但与伦敦、东京、巴黎及纽约不同，它们的规模还没有庞大到如同所谓“天然的”全球性都市的程度（Knox & Taylor，1995；Sassen，1991）。总结一下这项论断，理解国家治理的国际化与评估其分权化，很大程度上有赖于中央与次国家政府的合作与竞争程度。

全球经济治理

从次国家到全球治理的视角转换，从一个阶段转到下一个阶段，即便对思虑敏捷的读者来说，可能也是一项艰巨的任务。然而正如我们将要证明的那样，次国家与全球治理共有一些特质。它们在概念与经验上也有一些关联之处,这大概并未从它们在规模及相关行为体本质方面的明显差异中表现出来。

全球治理具有多个不同维度,经济维度的兴起就是其中之一(参见 Diehl,1997)。从历史上讲,全球治理的理念已经融为国际关系话语体系的一部分。主权国家之间一些形式的志愿合作对于维护国家核心利益是必需的,这种认知已在政治精英与学术观察家中很好地树立了起来。然而,从治理的视角来思考这些合作议题,还是相当晚近的一种途径(关于其概述,请参见 Rosenau,2000)。

由此,对于国家而言,全球治理在本质上是一种用以追求国家自身核心目标的策略,而在这样的环境中,每个单一的国家只能发挥最小影响力。在这方面,可以说这种治理模式强调的是国家权力与能力的局限性,以及在动荡环境中与有限控制力相关的应变能力。诚然,就全球治理与合作的案例而言,历史提供的是一些令人失望的失败数据——下述两种形式都有:军事冲突,以及国际援助组织无法快速有效地为遭受危机的国家或地区提供援助。不过很幸运的是,依然存在着很多全球治理的成功案例,尽管它们不认为自己像失败案例那样引人瞩目。通过国际组织,一些国际或国内冲突能得以和平解决;在为饥荒或自然灾害的受害者提供几乎即时的援助中,国际合作也获得了巨大成功。而且,自第二次世界大战结束以来,国际市场的相对稳定是战后国际金融体系能得到立即执行的一个主要因素(Helleiner, 1994)。

现代全球治理意味着它可以很好地避免冲突,以及能通过协调行动来缓解世界各地的危机。尽管此类区域必定仍是这种治理的重要目标,但当前多数国家行为体的国际合作旨在解决国家间更为持续性的冲突来源问题,尤其是经济发展和贸易领域。以经济多样性视角来探讨国家利益的跨国或全球性结合是相当晚近的事,但其蓬勃发展的速度令人印象深刻。无疑,如果说对私人资本的解制和全球化是过去二十年来其中一个最突出的政治经济特征的话,那么,不同的——且仍在涌现的——全球经济治理形式则已经成为其中一个对这些发展最为有力的制度性回应。

这就是本章将要介绍的全球经济治理视角;我们认为这种治理是由国家政府所推动的,部分原因在于寻求以市场为基础的宏观政策议程,部分则是为了在跨国或全球层面通过对私人资本的一些管制手段来发展制度。甚至最强势的经济行为体也会想要加入这种制度,以使它们的竞争者也受到相同规范的约束,或者制约国际资本主义。这似乎有些矛盾,但也正是像乔治·索罗斯(George Soros)这样的国际市场领军人物所倡导的(Soros, 1998)。

然而,这种公认的以西方为中心的全球经济治理观点必须加上其他类型的治理结构,这些治理结构被许多第三世界国家政府视为代表国际经济与贸易政策利益的关键平台。全球经济治理面临双重挑战,即,在调节这些国家利益的同时,还要解决更富有的国家之间的贸易纠纷。在其他体系中也是如此,比如,欠发达国家需要增加温室气体的排放能力,而更发达的国家则试图减少这种排放。

由此,关于全球经济治理有着很多不同观点。其中一种观点认为,全球或跨国经济治理是强大的亲市场意识形态(pro-market ideology)的另一要素。在这个视角下,全球经济治理的主要作用在于消除国家贸易壁垒,确保国际经济中的自由竞争。像世贸组织这类组织已被赋予广泛的权力,以解决双边贸易争端。世贸组织也具有权威性,可以要求希望获得会员资格的国家遵守以市场为基础的经济体系,促进自由贸易与私人竞争。东盟这样的区域性贸易组织或北美自由贸易协定这样的贸易协定也都致力于追求类似的目标。

全球经济治理的其他观点是,迈向新的宏观经济政策的国际合作模式代表一种发展趋势,国家政府对此已准备就绪,以确保它们能在一个较为适当的层面上,以私有资本的全球化为基础,协调与追求个人与集体利益。在综合考量后,民族国家政府似乎有能力与看似势不可挡的全球市场动力相抗衡。我们首先将细致观察全球经济治理的两个不同方面。接着,我们将简要讨论国内政治中迈向强化跨国制度的关键选项。

国际制度的利用

要理解何种因素推动了强大的跨国制度的兴起,政策取向(policy-oriented)的视角可能是一种方法,即聚焦这些制度所追求的议程及其服务的利益。为理解全球经济治理的这些方面,我们首先需要提醒自己:这种治理既不是一种新现象,也不是它所寄托的基本原理。大约六百多年前,用以促进贸易的早期跨国组织形式就已经建立起来,当时汉萨同盟(Hanseatic League)连接起许多城市(即现在德国北部地区及其他波罗的海沿海城市),创造了一个强盛的贸易网络,在两个世纪的时间中控制着北欧地区大部分贸易活动。自由贸易带来专业化,使参与国获得了比较优势,由此形成更大的繁荣与经济增长,这种理念构成了众多古典(以及新古典)经济理论的基础。自由贸易也引致了很多新兴市场的产生,以及既有市场中的更多选择。

然而,尽管经济理论表明人们从自由贸易中获益良多,但当我们瞥一眼过去一个世纪的国际贸易,却发现大量国家并未选择跟随自由贸易战略,反而沿着边境设定了许多对抗外国贸易的屏障。英国在 19 世纪末见证了自由贸易与保护主义两种政治主张的持续论争。后者认为自由贸易会将国内经济暴露于海外竞争之下,从而伤害国家的自主性与财富。在 20 世纪的一段时间里,美国也产生了极为相似的保护主义情绪。在不同的程度上,偏好某种形式的贸易壁垒以对抗自由贸易的政策,也在例如澳大利亚和日本等国家实施。因而,即使有关这一议题的大部分专家或许同意自由贸易在理论上是优秀的,但许多国家环境中的政治精英仍然——却基于不同理由及不同的历史和政治情境——偏好于保护各自的本土产业与市场免受国际竞争的压力。

在跨国或全球层面上,近期迈向制度化经济治理的发展趋势,主要是由市场所驱动的,这种趋势应该根据其历史背景来看待。从很多方面来讲,欧盟的兴起是大量西欧国家间双边贸易协定带来的结果,尤其是法国与德国的煤钢联盟。从《罗马条约》(Rome treaty)开始,欧盟融合的进程就力图通过将西欧巩固为具有凝聚性的经济区域,来清除经济增长的障碍。与这些目标一道的还有,大量制度发展造成民主机制需求,这引导联盟团结,并在欧盟机构与其成员国之间提供了代议性的联结。

必须牢记的是,这些发展是国家驱动的过程。事实上它们主要追求与经济发展相关的利益,这证实了一个贯穿本书的观点:国家与经济增长息息相关。然而,经济增长的基础却在持续变化。仅仅几十年前,工业生产与贸易很大程度上属双边过程:产品在一个国家生产,在另一个国家销售。然而,到了 20 世纪

90年代，工业生产的过程日益注重来自不同国家的原料与半成品的协调过程，而成品则被同步营销至世界各地。或者，经济增长是应用电子交易的结果，几乎与实体产品无关。结果是，因为他们的主旨而变得愈发复杂，同时，贸易谈判逐渐成为多边而非双边的事务。

世贸组织的发展应该从这种视角理解。世贸组织代替了以往扮演类似角色的关税和贸易总协定，成为多边贸易谈判的平台。然而，世贸组织显然比其前身更有能力。世贸组织在处理贸易纠纷方面扮演相当重要的角色。世贸组织拥有平台和更丰富的工具来解决这些争端并促进自由贸易。正如霍克曼和科斯泰奇（Hoekman & Kostecki，1995：271）所指出的："世贸组织的作用（*raison d'être*）在于抑制成员国政治中持续的内战，这些内战与应该追求何种贸易政策立场相关。"它尤其通过各国国内对于这些议题的辩论来做到这些，即："世贸组织进入了一个图景，通过在国内政治市场向外国行为体表明——支持自由主义的民主游说集团的谈判影响力在增强，是因为外贸出口游说集团将在多边贸易谈判中支持他们"（出处同前）。

因而，尽管国际制度成为国家利益在国际层面开发工具的结果，这既可用以解决主权国家的集体行动问题，也可用以对抗国际资本；但是久而久之，这些制度将对国内政治造成重大影响。由此，全球治理是一种双向互动型的现象：它可以在全球层次为国家提供一些潜在控制力，这也意味着国家将受制于一种新的强有力的影响来源。

有一种概念化与经验性的趋势，是将新兴的全球经济治理方式与其在治理中所追求的相当激进的亲增长（pro-growth）议程联系在一起。换句话讲，有时我们可以假定，这些制度结构只能用来促进某个特定议程。某种程度而言，这种论断是以下述众所周知的假定作为基础的，即制度与利益之间存在密切关联（Hall，1986；March & Olsen，1989）。然而，我们认为其视角总的来说是误导，正如欧盟所指出的，关于这个议题的争辩可以白热化。欧盟内的争论围绕着这种结构设置是否可以主要应用于提升货币政策目标，或者，这些结构设置是否能主要考虑对抗失业率？因而，全球制度应该被更恰当地概念化为：至少在理论上可以应用于各种不同政治方案的一系列经济与行政工具。正如聪慧的读者已有的结论,以下也是我们对国内制度所抱持的观点与期待:不同政府在很多时候有着截然不同的政治议程,它们来来往往,但政府的结构大致保持相同,并且被设计来配合各种不同的意识形态。

追求国家利益的新策略

正如之前所提到的,全球经济治理不应该只被看作是一件减少贸易壁垒的事情,同样重要的是,它应该被视为发展某些手段以对国际资本进行某种程度控制的行为。这两个方面的目标并不必然是相互抵触的:例如,经济与货币联盟建立了协调欧盟成员国的宏观经济与财政政策,同时引入联合中央银行与共同货币,这将有效防御针对单个国家货币的国际投机。

全球治理与国内不满

全球治理不一定会被所有的政治精英所拥抱,更不要说所有的社会阶层。使国家主权屈从于跨国制度的理念遭受了强烈的政治指责,而且极易引起民族主义情绪的反弹。在很多西欧国家,"疑欧派"(Eurosceptics)反对欧洲进一步一体化(Taggat, 1998)。但是,指出这一点是很有意思的:西欧不同国家的左—右政治光谱对这些不同的议题本身持一种什么样的不同态度。在北欧国家,保守主义与自由主义政党都是欧盟和经济与货币联盟最强大、最明确的支持者。这些政党认为经济与货币联盟是市场自由化与减少国家经济干预尤为重要的关键因素。与此同时,社会民主党似乎被两方面所撕裂,一方面普遍亲欧盟的立场,另一方面却害怕宏观经济手段失控并发生经济发展不平等的可能性。然而在英国,保守党对跨国制度持续提升的能力表示怀疑,它们将这种发展视为对国家主权、自主性及控制力的威胁。

略有不同的是,"允许其他体制参与治理"的观念并没有受到重要社会团体的大力欢迎。这些议题不仅具有技术复杂性——比如,在很多辩论中似乎都对自主性与主权有一些混淆;例如,通过保持置身于欧盟之外以维持国家名义上的主权,并不能获致更高程度的自主性——这些议题也在很多国家中迅速激起了民族主义情感。因而,"重申控制权"的剧本或许更易引起政治支持;若别无其他，这显然是目前为止我们大多数人最为熟悉的治理模式。

负向相互依赖

如同上一章提及的重申控制权的国家策略，我们讨论了该策略的政治经济方面内容，现在，我们应该审视“允许其他体制治理”当前剧本所运用的相同逻辑。“国家重申控制权”作为一种政治—经济策略，可以被非常简单地判断为国家与市场间的正向相互依赖。是否有同样的逻辑可以维持“允许其他体制治理”策略？是否与正向相互依赖一样，国家与市场之间也存在负向的相互依赖(negative interdependencies)呢？

稍早已经讲到，全球治理是以下述观念作为其基础的：制度不足以控制其环境，而同时，这些制度又极度依赖其外在环境的变化。在一些方面，政府的制度机制似乎是在完全不同于当今情形的政治与经济环境中被设计与发展出来的。即使世界上大部分国家都进行了广泛的(有时是深远的)制度改革，但20世纪五六十年代“强国家”的遗产及其运作环境依然存在。这些遗产存在公共部门的真实结构中，也存在于很多政客的头脑中。

这些遗产以两种不同方式显示。第一，大多数国家仍会表现出国家映像中典型的制度结构，即中央政府的命令无可争辩，没有跨国制度与治理体系(或者，某种程度上它们是存在的，但仅能对国家施以有限的影响)，次国家政府只有极少的政治或行政自主权。伴随着大多数或所有这些特征的巨大变化，当今在许多国家都有着几乎过度的监督和控制制度。的确，稍早所讨论的分权化改革已经提出这些问题，但它们往往通过强化地方或区域政府来解决，而不是通过优化中央政府的制度来对次国家政府进行监管。类似地，尽管减少对地方政府补贴的国家体系已经被解除，但中央政府仍然对地方与区域政府进行相当程度的法律与宪法上的控制。

第二，大多数政府的制度结构设计在相当惊人的程度上是对经济的一种反映(或适应)，就如同它在放松管制与全球化之前的运作。比如，几乎在所有国家中，股票市场与货币市场都受到以国家边界为范围的制度监控；但国内与国外金融行为体在这些市场中的交易却逐渐增多。类似地，中央银行仍然被认为是货币与财政控制的终极工具，然而它们杠杆作用的有效性却深受国际金融行为体的制约。

有人可能会辩驳，这些制度遗产只不过说明了国家转型对于环境变迁所呈现的时滞与惯性。同时，就规范意义而言，有些人可能认为或许国家制度已不太适用，因为它们在社会中核心的政治与民主使命——聚集、保卫和追求集体利益——是超越了国家外在环境短暂变化的事情。尽管有这些争论，这些制度同其外部环境“契合”欠佳的论断，足以引发对这种情势原因与结果的质疑。

将这项议题与“允许其他体制治理”剧本结合起来，有三种一般性的观点值得一提。首先，制度无法控制它们的外在环境。诚然，可能有一段时间，“强国家”制度是与其环境中的连续且有逻辑的变化相关的，但它们也许这么表现，更多是通过对其环境制定相应的法律，而不是通过回应环境的变化（March & Olse, 1989; Peters & Pierre, 1999）。正如我们过去几十年间所见的那样，发生“国家复辟”（rolling back of the state）的结果之一就是这种制定法律规则的能力被显著地削弱了。与此同时，国家制度也并未发展出如何去适应制度环境变迁的知识。与社会中的大多数其他组织不同，国家机构从未发展出可以恰当地回应环境变迁的监控、解释与发展的例行程序，这只是因为——略微有点夸张地说——它们没有必要这样做。可以说，目前我们正在见证的，是政治制度正在学习如何去回应外部变化。

其次，当代国家在这些方面的困境是，它们对控制逐渐减少的市场的依赖日益增多。的确，我们在如本书之前所讨论的，国家寻求重获部分以前对市场的控制权是有策略可循的，但这是一个具有政治敏感性与复杂性的计划，它需要高度的全球协同。作为国家当前学习如何适应外在变化问题的一个必然结果，在国家想获得对市场更大的控制权上存在一个很大的问题，因为很多国家从未在这么大的程度上实施过这种控制，所以也缺乏正确方式的组织知识与记忆。

最后，根据之前的观察，看到国家与中央政府变得愈发允许次国家与跨国体制获得影响力和控制权，而国家机构变得不那么重要，我们也无须感到惊讶。

这种发展再次证明了之前的观点，它并不等同于国家屈从于外在压力，而更多的是国家在社会中放低姿态的政策选择。进一步讲，这种转变或许更多在表面上而非实际上的，因为政府学会"更聪明地"治理，少用强制性工具而允许次国家政府的参与控制，且不会过多地耗费稀缺的政治资本。

制度性适应或国家衰退？

本章中所讨论的两种新兴治理形式彼此直接相关。国际化与全球化治理共同成为区域去发展治理机制的强劲动力，也是民族国家鼓励这种治理的驱动力。类似地，一些全球经济治理形式已经成为吸纳新行为体的必要机制，这使这些新行为体能迈上国际舞台。

某种程度上，"允许其他体制治理"的治理剧本反映了一种政策选择，这基于对经济全球化的结果与次国家政府的政治自信进行的战略性评估。然而，它也一定程度上显示出当今对于外在变化的制度性回应不足。不过，询问这些发展(尽管很慢且是局部性的)能否反映制度性适应，或者询问我们是否真的正在见证国家的衰退，这是一种误导，因为很清楚的是，这些复杂的过程并不能被概念化为一种非此即彼的分析形式。正如我们已多次论证的，对于治理不断增长的兴趣不应该被混淆为国家的衰退，而它更是一种证明，即国家具有发展出新的策略来维持某种程度上控制权的能力。情况或许是，这种策略性回应远快于制度转变，而后者将证明从长远来看对国家是至关重要的。

第 7 章 | 剧本 3:社群主义、协商、直接民主与治理

除了来自全球化及网络力量对传统治理模式的挑战外,还有其他一系列挑战,从而形成了风格迥异的治理。所有这些相关挑战导致去组织化治理(deinstitutionalize governance),并更直接地让公民参与制定有约束力的政策。强化了这些理念的一个假设是,比起他们在代议制民主中所施行的,公众可以——更尤其应该——对决策有更多直接的影响力。这种理念超越了利用团体、网络及其他社会中介结构作为治理机制,它聚焦于公民本身,将他们视为治理的重要资源的"新治理"理念。

这些观念于是体现的是一种对"大政府"的民粹主义挑战,并试图让治理回归于"人民"。然而,跟经济领域中对与巨型政府相关的市场挑战不同(Self, 1993; Niskanen, 1996),这里的规范性倾向是集体主义而不是个体主义的。其目的不在于确保个人的收入与财富,而在于确保个人可以参与合法的政治共同体,并可以通过集体行动来对其未来进行有效决策。

那么,这些民粹主义挑战跟传统的治理理念,而不是与市场改革的图景有着更为紧密的关联。尤其是,这些观点与民主治理的传统概念相关。其假定是:为了恰当地治理一个民主政治系统,必须将公众的需求与愿望直接地与政策联结起来(Rose, 1976)。进而,传统治理观点通常认为,大多数代议制度都不能确保充分的辩论与讨论,而更多地依赖于尽可能少的辩论、优势一方压制另一方。

当前对于市场与集体主义挑战的治理现状满是瑕疵,但对两者开出的处方却截然相反。很多这些民粹主义改革者并不主张以原子化市场(atomistic market）拆散治理结构，而都倾向于建立更具包容性的结构，并要求大多数公民把更多的时间与精力投入集体治理的过程中来。甚至不热衷于自身（*perse*）建立结构的集体主义改革者，也会想要利用政治（投票）手段而非经济手段来为集体进行选择。

虽然我们正在讨论经由公共部门对治理的替代方案，但是，我们更主要的目的实际上是讨论民粹主义挑战中对政府的批评。工业化社会中几乎所有的代议结构与中介结构都受到了批评，包括政党，以及甚至利益集团网络等很多“新治理”文献中属于中心议题的方面（Rhodes，1997；Kooiman，1993）。这种批判也延伸到公共部门之外，涵盖了大型企业和大型工会，有些案例中甚至包括宗教组织。国家是本章批判的中心对象，但是地方社区甚或家庭之外的几乎所有社会组织都感到同样的问题。人们所倡导的理念是：改革所有社会机构并且发展替代方案，这将代替或补充更传统的社会结构。

民粹主义对传统治理理念的挑战主要有三种变体。所有这三种版本都去组织化（deinstitutionalize）了既存的政府结构，或至少通过更多公民的直接参与来寻求增长。在这三种版本的内部，在弱化政府结构与代议制民主的程度上还是有所不同。社群主义似乎代表了改变治理现状的基本运动。这是一种正在兴起的政治哲学，也是一组关于如何管理公共问题的更实用建议（Etzioni，1995）。

社群主义的基本信念是，大规模的社会与政府已经失去了它们大多数的效用，它们需要被更小的治理单元所取代。人们认为，对治理而言更适当的基础应该是“社群”，尽管这个词汇本身有着各种诠释空间。以此观之，一些政治意义上的基本治理机制并非不正确，其困难在于这些机制被实施的范围。有人认为，大规模决策使得同类型的个体主义与经济政策模型联系在一起，个体需要通过减少对社区的自私行为来调整其自利性。

现有政府模式的第二种替代方案是协商民主。这种方案也具有政治哲学的一些元素（Barber，1984；Sandel，1996），但更加强调对决策制度进行立即改革。这种方式的逻辑是，代议制民主不允许普通公民对政策制定产生充分的影响。公众并非如同当代治理讨论中所假定的冷漠的“电视懒虫”（couch potatoes),相反,人们认为大众渴望更多地参与政治生活。然而,协商民主的倡议者认为,公民觉得自己被有效地排斥在当今用以进行治理的制度安排之外。这种观点代表了一种标准化的关于异化的社会学定义——存在目标,却缺乏达成这些目标的有效手段。

为政策制定中更为直接的公民参与建立机制,人们认为这对民主的复兴至关重要。如果这些方法可以为公众创造出讨论议题的更多机会,并使公民对这些议题有更加全面与深入的理解,那么相较于已有的代议制度,它确实可以强化民主。在地方层面,社群主义者拥有这样的共同理念,即为讨论与协商发展这些制度是极其重要(与可行)的。较低层级的政府被认为比其他层级的政府更适合于发展"真正的"协商民主。

最后,直接民主被算作代议制民主的另一项替代选项。甚至多于其他两种替代方案,这种治理方法可以补充既存代议制度,有助于公众通过提案与公投等机制来做出他们自己的决定。在支持这种替代方案的文献中,其假设是,公众并不真的需要协商民主途径下的审慎讨论与协商;相反,公众被假定为有能力并乐意通过简单的投票来做出重大决策。更有甚者,有些文献(与实践)中的假设认为,公众有能力为治理设置议程,就像当有倡议允许公众(通过请愿书)将议题提上日程以寻求后续解决方案那样。比如,积极主张削减财产税的13号议案(Proposition 13)在加州起初不过是一项倡议,随着获得足额联名,便决定进行公投。这种公众直接参与政策过程的观念有点近似于"权力的第二张面孔"(second face of power)(Bachrach & Baratz, 1964),其中,精英可以行使的最重要权力就是能够决定什么议题将要被,或者不会被政府积极地加以考虑。

本章将逐一讨论以上三种传统治理模式的替代方案。讨论将力图呈现出每一种替代方案的优缺点。这里形成的基本论断是,这三种替代方案中没有任何一种可以缜密、完整地满足治理的需要。这三种模型均存在一些我们需要加以辨识的共同问题,但也存在由每一种替代方案提出的特定议题。在一些实例中,这三个替代方案中某个方案的优势有可能是其他某个方案的弱势。

我们也将指出,尽管几乎可以确定它们都不足以在所有情况下充当替代,但是,这三种替代方案中的每一种都是对既存治理模式的有益补充。当尽最大努力为组织或过程做出视情况而定的决策时(Sartori, 1994),最大的问题在于,在何种环境中哪一种替代方案是最适合的。每一种途径的倡议者都倾向于认为,自己所支持的替代方案可以为治理问题提供普遍性的解决方案,但我们的观点是具体情况具体分析,因而具有更大的调适性。我们认为,大量案例中的传统治理模式都是更合适的,使用任一替代模式都将造成治理能力的正向损失(positive loss)。

诊断

然而,在我们着手对这三种替代方案进行详细检验之前,应该先检验一些一般性的诊断观点——这些治理途径认为传统治理模式中有哪些是不适当的?这种批判具有一些普遍性观点,但每一种方法都带来一些更为独特的问题。讨论关于三种替代方案中的每一种都具有各自的特点,这一部分的讨论将依然是相当一般性的。对既有治理模式的批判是以当前治理体系中的四个主要问题为基础的:规模、疏离性(remoteness)、目标置换(displacement of goals),以及制度的对抗性本质(the adversarial nature of institutions)。这四种因素之间紧密地相互联结,但每一种因素可能对治理造成的单独效果是可辨别的,尤其对当前体系的批判更是如此。

规模

第一种批评认为,既存的治理结构规模过于庞大。这对于它们所涵盖的地理与社会空间而言的确如此。对于它们试图开展治理的议题范围,以及它们在治理中的野心而言也的确不假。这就是说,人们认为许多工业化民主国家的政府都承担了过多责任、对公民做出了过多承诺,但却无法提供其所承诺的商品与服务。这种论证与上一代人之前所讨论的超负荷问题没什么不同(King, 1975; Rose & Peters, 1976),承诺与表现之间的落差是许多公民对其政府感到不满的组成部分之一。

规模问题倾向于加剧接下来要讨论的疏离性问题,但其本身也会对治理造成负面后果。规模主要是社群主义者的问题,但对于协商民主的倡导者而言也会造成一些困难。有观点认为,大的政府机构——这里通常是指任何的大于那些所有成员可以经常面对面地接触的群体——在定义公共问题时将会越过人性尺度(human scale)。社群可以根据共享的理解与经验来定义,因此它们可以超出民族(若不是国家)的边界,但是,要使这些共同价值付诸运作,却很可能更为困难(参见 Fowler, 1991, 1995)。

反过来,更大规模的正式讨论倾向于使个体更不会对他们自己的治理负责,而且也更加不可能会将解决方案概念化。这种观点近似于伊里奇(Illich, 1971)对现代医疗的论证,尽管此处的焦点在于规模而非技术。由于公民看到他们被自己无法控制的力量所支配,所以他们简单地被认为退出了政治参与。另一个选项是:发展政治生活的定义,即倾向于排除那些不接受特定公民美德的人,或那些与当今恰当行为的普遍理念不相符的人。对社群主义者而言,当代政府的大规模和社群意识的缺乏极易造成偏狭、个体主义及排他性。

更大规模的治理结构也倾向于使公民之间任何形式的建设性协商变得不太可能,即使有可能组织起来也缺乏意义。即使在大规模代议民主制度中仍然保有可行的"公共空间"(public spaces)以供公众讨论,但协商变得相对无用:在那种大规模治理中,几乎没有或根本没有可能发生有意义的讨论(Habermas, 1984)。只有在面对面的层次上,即在小单元之中,才会有可能发生针对政策的讨论和对话,而不是以最肤浅的态度来进行(参见 Cohen, 1997)。在大众社会(mass society)中,个人变得原子化且无目标感,以致不太可能成为有效的参与者。在这个视角下,在许多民主国家,参与的普遍衰退是由政府规模与疏离性所造成的异化作用的一个结果。那种分析的问题在于,低层级的政府倾向于参与度最低,而按照逻辑应该更高。有关协商的假设(例如共识的形成)似乎不太可能出现于大规模情境中,在那里,更容易发生的似乎是代议制度与联盟的对抗政治(参见 Kelman, 1992)。

批判大规模政府的另一个方面是,规模阻碍着政府为"后工业民主"(post-industrial democracy)日益增长的需要发展相应的政策类型(Bell, 1976)。也就是说,在20世纪八九十年代,公共部门改革的诸多动力之一是尝试为社会中的各部门甚至个人量身定制相应的政策。虽然大规模政府(不论国家的还是次国家的)可以做出许多出于好意的努力,使它们自己变得对客户更加友好(Hood, Peters & Wollmann, 1996),但是其他替代治理方式的倡议者却认为,正是出于规模原因,这种努力是不会成功的。由于不得不应付数量庞大的顾客和服务提供者,使得"赋能政治"(empowerment politics)更加难以付诸实施。

疏离性

关于当代治理体系的另一个普遍抱怨是它太疏离于普通公民。普通公民在影响政策或针对政策进行辩论方面常常遭遇到很大困难。假如每一位民选代表都必须代表一定数量的公民(这一数量在美国是要超过 50 万人),那么,他或她实际上很难说可以非常接近地反映他们的观点,甚至很难意识到他们中的大多数。这种规模意味着代表们可以依照其自身的意志进行决策,而极少或无须参照公众的意愿。而且,每一个选区中的意见都是多元的,代表们可以在这些利益与观点中进行取舍,而不必从这些想法中建立任何共识。

在民主国家中,人们认为这种疏离性会使公民感到极其沮丧。就在对大规模民主所进行的各种民粹主义式回应出现之前,亨廷顿(Huntington, 1974)就认为"后工业化"政治将会日渐异化。随着公众受教育程度的提升以及政治敏感度的增加,难以对政策造成影响这个困难会变得更令人苦恼。而且,马乔纳(Majone, 1992)认为,公众现在握有许多对政策制定者有用的资讯,但是官员们却忽略了它们的重要性。公民通常拥有一些并非属于官方来源而是"基层"知识的信息,即使对某些技术性政策议题来说,这些基层知识对最恰当地做出决策至关重要。

甚至就利益集团而言,作为网络的构成要素,处于"新治理"如此核心的位置,在普通成员与组织领导层之间存在着鸿沟。这是关于利益集团民主的标准之一,尤其工会更是如此,就像李普塞特、塔罗和科尔曼(Lipset, Trow & Coleman, 1956)所讨论的那样。更宽泛点说,这是对米歇尔(Michel)著名的"寡头政治铁律"(lrou Law of Oligarchy)的一个复述。普通组织成员不应期望去对集团的政策形势产生任何实际的影响,几乎不去期待组织能真正反映成员们的观点。总之,作为民主与治理模型中那些制度的替代物,无论是传统的代议制度,还是利益集团,都疏远了它们的一般公众,因此无法为个体提供"真实可靠的"民主选择权。

代议制政府与普通公民之间疏离性的最后一个方面是,这些公民相信(通常有正当理由)政府被金钱操控,而不是被公民利益主导(参见 Nye, Zelikow & King, 1997)。消解代议机构成员的需求(尤其在美国)为选战募款,无论是个人的还是代表政党的,被认为是为了增强政府更好地代表普通公民利益的能力。正如我们下面将要指出的,代议制政府的替代方案应该尽可能免于社会中有钱人与有权者的影响,但并不总明确是这样:直接民主与协商民主似乎都依赖于团体的能力以影响政治生活,且这种能力的分布并不平均。然而,非常明确的批评是,当前流行的制度无法提供他们所期待的治理形式,因此,尽管存在一些潜在问题,这些替代方案仍然值得尝试。

目标置换

最后,由于政治组织与利益集团中的领导都存在疏离性问题,因此,领导者就有地位空间去追求自身目标而非公民或其成员的目标。这个部分原因在于大规模的结构和投票所传达的信息程度低,甚至几乎偶然的公共会议,这些都不足以引导哪怕最有良知的政治家。

然而,上述观点与另一种对现代政客所进行的批判相反:认为政客都不愿意坚持自己的立场,反而过度倚重民意调查的结果。不过,在协商民主学派的眼中,这些民调本身就满是瑕疵(Fishkin, 1996)。至于在没什么良知的政客身上,则不论是合法的或法外的,都存在自我扩张的充足自由。对政府和政治组织,这并不是新颖的批评:米歇尔的寡头政治铁律在20世纪初就认识到了政党的这种倾向,而其他人比如默顿(Merton, 1940)、唐斯(Downs, 1967)则注意到这种现象在公共部门中的存在。

政治精英在执政期所追求的个人目标,在这些批判中被简单地视为当代治理结构中所固有的个人主义信条的延续。个体公民不属于任何类型社群的一部分,他们只是纯粹的个人,尽可能巧妙地在层层限制中寻求各自的出路。人们对于在治理事务中效用最大化者的政客个体的关注，或许是生活模仿艺术的一个案例，因为理性选择理论的方法论个人主义已成为社会科学分析的主流(Green & Shapiro，1994)。这种观点可以同各种关于社会生活的更集体主义理论形成对比(尤其参见 March & Olsen，1984)。

公民往往特别会对政治精英的投票交易和互投赞成票(logrolling)提出批评。他们发现，政客甚至没有依照自己的价值观来投票，而仅仅是让自己在政治领域的处境更舒服而已。公众认为这种追求自我扩张的行为是政客对自身治理角色的背弃。互投赞成票或许更是针对当代议题复杂性的一种运作，政策可为不同选区带来不同利益。然而，公众只是将它视为政治精英与普通公民之间区隔的又一个表征，也是有必要去寻求其他更能被公众控制的治理替代形式的一个表现。

对抗性治理

在这三种备选的治理观念眼里，代议政府制度的第四个一般性的问题是：这些制度之间倾向于是对立的。史蒂文·凯尔曼(Steven Kelman，1992)认为，各种政治体系之间最重要的差异之一在于它们的对抗程度，例如威斯敏斯特体系尤其好斗，而统合主义(北欧)体系则更具共识性(亦参见 Lijphart，1984)。对于这些替代方案的支持者来说[直接民主团体会一同低声(*sotto voce*)应和]，这种差异可能不值得深思，而代议制通常会过度导致冲突与以赢者通吃的冲突解决方案为取向。因此，或许并不意外的是，治理替代方案的多数倡议者都来自英美系统。

这里发现的问题是，政府通过对抗机制来对公众进行了划分，而不允许那些至少在最小程度上能让所有公众满意的政策发展。有些情况下很难发现这样的政策，但协商过程本身可能是一种揭示重大问题的重要方式，它至少可以确定出意见不一的原因在哪里。而且，代议制度几乎是被设计用来增强对抗与竞争行为的，而不是用来建立共识的。比如，为了治理而在议会中维护多数派的思想，是一种天然的对抗性理念，尤其当单一政党可以赢得控制权时(如在威斯敏斯特体系中)，倾向于将那些体系中的赢者通吃心态制度化。

如前所述,直接民主的替代方案不像其他两种替代方案那样关心对抗性制度的问题。确实,为一项提案进行投票的想法——通常是“是或否”的问题——本身就具有内在对抗性。然而,一种积极的观点是:围绕投票的竞选活动本身可以让问题暴露出来。但另一方面,进行选举的必要性及其相关竞选活动可能造成两极分化而非创造更大共识。

社群主义

要解决上述民主治理中的问题,最普遍的选择就是社群主义。作为当代社会和代议政治制度孤立状态与原子主义的一个选项,这些学者与活动家创造了工作社群和社群治理(Etzioni, 1995, 1998; Bell, 1993)。有一个可行的假设是,与当前的解决方法相比,大多数社会经济问题都可以在更低层次社会集体中得到解决。而且,有一个隐含的判断是,通过合适的社会工程,甚至大规模的城镇(如果不是国家)都可成为更具公共性的决策系统(communal decision-making system)。此外,还有一种信念认为,人天生就是群体性的,而不是独来独往的,因此当代结构无法满足公众的一些基本需求。

与许多自由个人主义思想更彻底的自主特征相对立,在社群主义观点中,个人的自主性是重要的,但它只能被理解为是由社会建构的(Walzer, 1995)。而且,在社群主义观点中,个人自主性意味着对其他人自主性的实际尊重,这同时也是确保自我实现的过程。因此,有可能对集体福利造成危害的行动都是不能被接受的,即便它们可以满足某些社会成员的个人欲求(Etzioni, 1996: 18)。只有当社会中存在某种秩序时,才会获得充分的个人自主性,因此必须建立起一些机制以调和个人与集体的诉求(亦参见 Bay, 1965)。

在某些方面,要辨认出社群主义者在反对什么要比辨认出他们实际上在支持什么作为国家的一种改革更容易(Tam, 1998)。清楚的是,在当代社会,个人主义被认为是地域性的和有破坏性的,政府并不是他们偏好的生存环境,但他们提出的方案对有着数千万居民的国家,甚至对有数百万人口的城市来说都有点像田园牧歌风格。几乎没有人会不欢迎与他们的社群有更密切的接触,或增强对政策协商结果施加个人影响的能力;至少大多数人都希望,如果不用在这个过程中投入必要的时间,就能实现他们的目标。

另一种将社群主义治理方案概念化的方法是重视如今广泛传播的关于社会资本的观点(Putnam, 1993; Perez-Diaz, 1994)。当试图对民主为什么在一些环境中取得了成功而在其他环境中却没有成功做出理解时,学者们得出了这样的结论:"社会资本"的存在是民主取得成功的关键。社会资本由数量巨大的社会组织的存在来表示,这些社会组织在家庭或直系亲属之外形成。这种组织的形成表明个人可以认同家庭之外的社会实体,并愿意为这种非家庭组织作出一定贡献。那种层面的社会信任使得人们能够参与政治。

还不够明确的是,社群主义的观点是如何与社会资本的理念相一致的。一方面,存在着参与家庭以外某种形式的社会组织的承诺。然而,另一方面,目前所讨论的社群都极具地域性与高度的特殊性,因此,可能并不是普特南的民主建设模型所指的那种社会组织类型。也就是说,社群中的成员资格或许受到了高度限制,因此并非任何人都能成为社群成员。社群主义暗示的这种更为地方化的参与类型,或许只是地方主义的另一种形式,可能缺乏更广泛的参与承诺和公民精神,而这些似乎是普特南关于民主建设的固有观点。

社群主义的治理意涵

到这个时候,思考这种治理模式的意涵应该是清楚了。他们所隐含的(有时是外显的)计划是,使政府尽可能地分权化,并使更小的"社群"能够为公共政策的更多方面担负起职责。这个途径的一些做法已被付诸实践,人们的确也对它相当熟悉。比如,邻里守望(Neighborhood Watch)及类似的合作生产计划都与社群主义理念密切相关。尝试创立"小市政厅"与邻里委员会就是尝试在基层创建政府。

社群主义超越了常识所定义的分权给更小政府与社区这样的简单愿望。社群主义吸纳尽量多的要素,由个人主义转向更具集体意识的治理。这包括重新思考制定公共政策的基础:假定由所有参与者所掌控,政策制定是以社群价值为基础,而不是个人效用最大化。如同在马奇和奥尔森(March & Olsen,

1989)的“适当性逻辑”(logic of appro pnateness)概念中,人们认为社群成员受到了一套共同价值的指引。

如果我们跳出现有结构,社群主义想要倡导建立一种可以提升参与度并促进治理意义发展的机制。关于治理原则的讨论通常多于其实践性的讨论,但有一些关于在实际治理中运用这些原则的建议。

社群主义中的问题

正如社群主义在某些方面具有吸引力,但将这套理念作为治理方法时也存在一些明显的问题。或许最根本的问题是关于人性的假设理论也许是站不住脚的。其中一个假设是,普通公民希望参与治理,并会在治理中投入大量的时间与精力。大量当代社会与政治理论进一步假设,人类是合作性的而非自我扩张的个人主义者。这是不错的假设,但却在真实的政治世界中无法立足。

当政治系统对它能够发挥作用的社群没有一个清晰的定义时,社群主义的问题将更加严重。也就是说,在同质社会中,社群与社会可能是等同的。在许多当代国家,这种一致性可能并不存在,而且人们不一定认为他们和邻居属于同一个社群。真实的社群意识对大多数公共政策的共享与再分配决策而言是必要的。因为人们很难去考虑一个没有再分配效果的公共政策,于是要制定跨社群的政策变得更加困难,进而相应的治理也更加困难。

政治社群能被建立起来吗?社群主义方法的假设之一是,即使不存在天然的或先前存在的社群,政治社群也是可以被建立起来的。某种程度上这是一种“梦想成真”(field of dreams)的论断,因为它假设如果有机会来建立社群决策,那么,公众就会有参与的愿望。根据这种观点,社群由互动产生,而不是社群形成了互动。然而,这种观点至少需要在良性循环的一开始就存在某种最小程度的社群。

社群主义理论还假定,重要问题可以在相对低层次的集合体中得以解决。实际上,在非常小的单元中不大可能解决重要的问题。比如,人们认为贫困见于低层次,但它可能缘起于地方社群之外的经济与社会力量。即使问题的根源并非全球性的,但单凭地方社群所握有的资源并不足以控制这些外在力量。甚至对于提供服务的行政项目而言，更小的地方社群可能处于无效规模状态。

协商民主

在某些方面，协商民主理念包含了社群主义思考的子集。在低层次集合体中创造出一个决策核心(locus)的基本理念，表现出了与社群主义思考的一致性。然而，协商民主实践最为根本性的问题是通过公开辩论与对话将公众纳入决策的过程。这个过程与代议制民主形成了鲜明的对比，在代议制民主中，公民参与仅仅是作为投票者选出接下来将进行决策的精英。协商民主也与直接民主形成对照，在直接民主中，公众自己来做决策，但却很少或根本没有对这些议题的替代观点进行集体协商或交锋。

协商民主的理想模型(实际上)是雅典的城邦(Thorley, 1996)，或美国的新英格兰市镇会议。在这些政府体系中，所有公民都享有参与的机会，参与途径有同其他公民进行辩论，以及听取和评估替代观点。曾经与现在，这些会议的参与者之间不存在明显的阶层分野，所有人都能够平等地发言。在辩论之后，参与者可以进行投票，最终决定所要采用的政策。这两种民主形式的规模在过去(或当下)都相对较小，所以，只要公民愿意，他们都可以参与其中。正如我们将在下文所指出的，虽然这些民主形式并未达到该领域学者所推行的所有标准，但或许代表了包含于一般治理形式中的那些最接近的理想型。

有几种情况可以用来判断协商民主中任何特定尝试与“理想型”模型相符合的程度(参见 Hunold, 1998)。第一个问题是，协商的过程是否被赋权以对政策做出最终决定，或者这是否只是正式决策组织的咨询。比如，美国的公众听证会(DeSario & Langton, 1987)和英国的公共调查(Barker, 1995)等机制，都为公民提供了表达他们意见以及听取他人意见的机会，但是最终都由地区评议会(zoning board)或市议会抑或某些其他正式组织做出决策。这种环境下，公民并不是决策的制定者，而只是他们自己观点的倡议者与其他人想法的被动旁听者。

第二个准则是，这种讨论是否将持续进行，还是只有一次表达观点的机会。

更好的协商过程应该是有机会可以持续讨论一段时间,有机会来认真考虑和解决信息缺漏问题,以及与对立意见进行交锋(Bessette, 1994)。如果在参与者中没有一些持续互动的可能性,则协商过程可能被降低为单纯发泄情感的机会,而不是决策的真正机会。要强调的是,听证会模型不能确保持续互动,而往往要求在一次会议中就做出决策;延迟决策通常被视为失败,而不是制定优秀决策的一个合理步骤。

第三,充分协商还取决于如何选择参与者,或宁愿不选择。协商过程的理想模型是每个人都可以参与其中,而不是从社会中选出某些利益或部门的代表。协商民主的倡议者认为,较多的选择过程阻碍了意见的充分听取,结果往往导致偏爱或多或少"顺从的"利益。这种观点尤其常见于女性主义政策分析,认为女性经常被排除于代议制的决策过程之外。在这种情形下,听证会模式往往是很好的选择,因为大多时候,为了发言,所有公民必须要注册。这并不意味着所有发言者都占有同等分量,但他们都能够参与其中。

最后,协商体系因参与者可选择的范围是否受到优先性上的限制而表现出不同的特点。在一些协商过程中,一个简单的问题要被认真考虑并做出决定,过程是被限制的,无论谁有资格参与以及能参与多长时间。因而,在上述听证会的情形中,问题可能只是,是否要以某种特定方式对某块土地进行重新划分;至于重新划分的选择应该是什么,甚至是否应该重新划分,则并不被考虑对听证会开放。在更为进步的协商过程中,一旦进程开启,各种可能的范围将不会被如此限制。显然,做出某种决策类型的需求会带动政策制定,但协商民主的倡议者倾向于希望,过程一旦开启,限制可以更少。

在真实的世界中,协商过程的理想模型如果曾经有过,那也十分罕见。如果这些标准能够达到,那协商民主倡议者的假设便是,这种过程将会带来多种积极效应。其中之一就是提升在此过程中所制定的决策的真正品质。如前所述,有一种假设认为社会公众拥有有助于制定政策的大量讯息(De Leon, 1997; Majone, 1987)。更重要的是,这类过程可以提高已做出的决策的合法性。这种理念——即它是一种比起代议制度更真的民主形式,以及面对面的参与将提高公民的效能——对协商民主倡议来说是最根本性的。

纵然这种理想模式是不可得的，或许也有一些类似的模式在发挥作用。它们即便不是理想型的模式，或许也可以从更完善的版本中获得一些积极效果。人们熟悉的听证会是一种非常有限（如果还有效）的协商民主版本，可以很容易地被延展至更广泛的政策议题。它也可被提升至更近似的理想型模式。例如，听证会有可能更多地限定它们的自主议程，但不是事先决定好所有议题与选项。而且，听证会不需要是一次性的单一行为，而是可以重构以允许一些持续的辩论与探讨。

协商过程的另一个操作性的例子在美国称为“协商式规则制定”（negotiated rulemaking），但它也类似于欧洲各种各样的统合和统合多元主义机制（Rokkan，1967；Olsen，1987）。这个理念在此是指受管制体制影响的政党被允许共同会面磋商和制定相关规则。这种决策模式符合协商民主的某些要求，但绝非全部。例如，协商中的参与并不对外开放，而是以维持入选团体中某些地位为基础。不过，要强调的是，这可能是一个更加开放与民主的选择，而不是通过行政性手段来常态化地制定规则，因此，这可能会使治理比其他形式更加民主。

内在于协商民主中的民主价值和民粹主义价值在许多方面都很吸引人，但这个模型也存在不少固有问题（参见 Stokes，1998）。其中一些问题接近于已经由社群主义带来的问题，尤其是，倡议者如何让这个模型成为小型（且一般而言同质的）人民团体可以在更大、更多元的政治环境中发挥作用的前提。一旦协商过程超出了小型组织或小型社群的范围，不但从事有意义的对话所面临的现实问题会变得更加凸显，而且沟通的社会基础也可能不足以确保有意义的对话。由于社群变得更加异质化，各种观点的不同前提和众多行为体的不同目标都将减小有效对话发生的可能性。哈贝马斯式的“理想的言论共同体”（ideal speech community）（Habermas，1973）假设，用以开展讨论的公共论坛可以向任何及所有参与者开放，而在实践中越是异质的团体，可能越难取得有效沟通。而且，一些作者质疑协商环境培育被假设为必要的平等类型的能力；各种偏见都可能闯入这些领域，就像它们在其他政治环境中所做的那样（Knight & Johnson，1997）。

接下来的问题是,普通公众是否那么有必要加入有关核能或生化技术的讨论呢?这些领域的专家可能会指出,普通公众缺乏对相关技术的基本了解并对风险认知有误(Sunstein, 1998)。当然,协商民主的倡议者会认为这些问题太过重要,以致不能只留给专家。他们也会指出,这个领域的专家在许多关键点上犯过错误,并且这些技术所引发的社会与政治问题超越了技术议题本身。如果不准公众参与有关技术的讨论这样的,那么那些规范性观点也将被排斥在外。

最后,如何通过这样的协商过程来达成任何最终决策还存在一些重要的问题。潜在的模型似乎是,必须进行持续协商与讨价还价,直到达成共识为止。因此,这个模型首先假定需要达成一个共识,其次,用证据直面各种社会问题并建构理解,将不利于人们真正的私利。在一些协商过程开展期间,的确出现过一些思想运动(Fishkin, 1996; Fearon, 1998),但重要的是,这些过程并不是做出最终政策选择的真正原因。当有可能制定最终决策时,人们或许更倾向于保护利益,而更难接受其他理念。

直接民主

对传统治理形式的第三种民粹主义挑战是直接民主。这是目前为止三种替代途径中最简单的一种,它大量缺少其他两种形式那样的哲学基础。这种论点很简单,即公众应该被赋权,以便对政策做出他们自己的决定。对于直接民主中的公民投票选择,立法部门(或执法部门)对于自己不想负责的议题,或许会邀请公众来考虑一项立法。这可能是由于立法机构不愿意在一些有争议的道德议题上(如堕胎或离婚)表示立场:意大利与爱尔兰作为罗马天主教盛行的国家,曾经就对这些议题进行过几次公投。或者这些议题被认为实质上属于宪法层面:欧盟中的许多国家曾经针对欧盟基本法中的重要变革召集公投,包括丹麦、法国和瑞典在内的不少欧盟国家也曾针对马斯特里赫特和阿姆斯特丹条约(Maastricht and Amsterdam treaties)进行公投。最后,立法机构可能会被要求实实在在地将这些议题交给公众。比如在美国一些州债券负债的任何增加或本州法律的任何变更,都必须交给公民投票;瑞士的重要立法同样如此

(Kobach，1994)。

动议选择更是有些复杂,因为公众不得不首先进行动员以便使议题能出现在选票上;然后,投票之前的竞选也要不断地动员。由于公众被赋权去设定议程以及做出最终的政策决定,这种机会使民选立法者与行政官员几乎完全被移除于治理过程之外。在提供动议选择的相对很少的几个地区中,公民都愿意去处理一些立法者可能想要避开的困难与争议性议题。也有一些议题是许多普通公民想要逃避讨论与决策的,但他们那些更加积极的邻居却不允许他们逃避。许多普通公民没有必要去投票(在大部分地区)或关注这些议题,但是通过广播媒体的政治宣传使他们或许无法免于这些信息的轰炸。

直接民主的正当理由很简单、清晰,并且显然非常民主。它的主张是,人民应该能够决定那些将会影响他们的重大议题。重大的定义在不同的政治体系中可能有所不同,但是基本原则都是防止这个疏离人民的决策机构(即便是民主选举的)来替公众决定那些具有持久影响的事项。在这种民主概念中,公民至少与他们的民选代表具有同样的能力来进行艰难(以及最难)的决策。而且,他们被期望基于有限的信息与辩论做出那些决策。

虽然直接民主吸引了我们所有的民主热情,但作为一种治理模式,它存在大量非常困难的问题,尽管我们也应该记得,这个方法依然被视为代议制民主的传统机制的一个补充。第一个问题是,那些问题是如何出现在用以决策的选票上。如果过程是自发的,可能困难较少,但如果一些签名运动形式(动议)成为必要,那么,许多与代议制民主相同的问题将会产生。也就是说,组织那样的竞选涉及相同的组织技能与相同的财政资源,这容易造成立法不公。而且,强调倾向于在单一议题政治(single-issue politics)之上,因为非常集中的少数派往往在公共部门议程上握有与人数不成比例的影响力。在议程设置过程上尤为如此,在这个过程中,单一议题的集团能够把注意力集中在竞选上,而无须过多关注整体的治理能力。

直接民主的第二个关切涉及普遍有限的信息和讨论,这些往往构成公投选战的特征。而且,直接民主非常重视通过媒体传播消息的能力,也因此极为重视财政资源。这可以在某种程度上解释美国的反税公投的成功(Sears &

Citrin, 1985)以及瑞士的反欧盟立场。先搁置这些决策形式中的固有偏见,协商民主的倡议者也几乎肯定要对思考议题的能力以及参与投票的公众共享信息的能力的缺失进行批评。

这两种批判观点都反对传统的代议制度的治理,但它们对于什么是最令人向往的变革选项有着截然不同的想法。由于有限的信息与普遍化讨论,任何经由公投产生的政策决定,都可能是以对议题的简单又老套的看法为基础的,甚至很可能会产生异常结果。加州的投票者在同一个选举中通过了两项相互冲突的公投议案,只得将公投结果提交法院(或许是最不公开的制度)以寻求政策的最终决议。当然,这可以部分被它属于加利福尼亚所解释。

还存在着这样的问题,即是否大部分重要议题都可以通过大众投票,用它内在的解决方案以"是或否"这种简单方式来加以解决? 对当代制度疏离性的一部分批判是,他们的成员使议题变得异常复杂,并且也不关心将激励着他们投票行为的价值。这大概至少在某种程度上是真实可信的,但也掩饰了议题的潜在复杂性。公众一般会认为复杂议题有着简单的答案,而任何一个从事这项议题的人,很快就会知道那些简单答案多半是误导。

即使讨论中的议题可以用简单的"是或否"形式来呈现,直接民主的应用可能会威胁到少数者的权利。立法体系通常会制定出忽视少数者权利的决策,但普遍来说,政治精英倾向于比一般大众更加宽容。而且,立法者不希望遭遇他们所提出的决议被法院驳回或被媒体嘲讽这样的尴尬。在美国,州与地方公投已经采取了大量措施,以限制同性恋者及其他不受欢迎的少数派的权利,或至少不给予他们同妇女、少数族裔及小众宗教信仰者以平等的权利。有些选举决定已被法院驳回,但此类决策却显现出这种制定政策的"民主"方法对于少数者的权利而言并不总是友好的。

直接民主也不适用于处理经济性的再分配决策,那将取之于多数人,用之于少数人。若投票者为自己的利益投票,通常不难预见的是,人们不太可能会选择放弃手中已有的资源。然而有意思的是,另两种传统治理模式的替代方案都非常适合于处理再分配决策,以及处理少数者权利的问题。讨论这些政策需求机会,以及共同体的发展,使采用那些苛刻的政策成为可能。社群内的再分配尤为如此,尽管跨社群再分配的机会可能受到更多限制。

直接民主的民主特征也会因公众对参与机会表现出的态度而受到质疑。通常,公投的投票率非常低,除非有其他公职竞选同时举行。公众似乎依然相信,比起由他们自己对特定政策问题做出决定,选出他们的代表要来得更为重要。对议题缺乏个人认知,或许是这个问题的一部分原因。或许也会有人争论,公投中讨论议题的真正机会的缺失,倾向于使参与者感到沮丧,因为若公众无法完全理解议题,则他们不愿意参与。如果这种缺乏理解是一项议题,那么人们赞成创造出一种混合治理模型,有大量对话机会,通过公投做出最终决策的机会。

这种包含在"协商式投票"(deliberative polling)中的观念可能是一个手段,通过它至少可以克服直接民主所引发的问题之一,并在公投之前开展议题所需要的协商(参见 Fishkin, 1996; Stokes, 1998)。在协商式投票中,不是让公民在毫无准备的情况下对问题的调查做出回应,而是为他们在表达自己的观点之前提供彼此间(或许也与专家)进行探讨的机会。协商式投票至今还不是一种决策方法,而是一种更为智慧的民意调查机制。当然,它有增强直接民主的常规机制的潜力,但是,如同讨论、协商与社群主义的情况那样,为不只是小团体找到一种施行这些措施的方法,似乎既困难又或许非常昂贵。焦点团体(focus groups)已经以同样方法在一些情况中被使用过,但仍需强调的是,这种方法仅能让极少数公民参与。

概括与结论

这三种治理的替代方案,反映了对大多数民主政治体系中的制度可能的背离。它们都假定,当今治理制度在许多重要方面已变得无效,需要以允许公众更积极地参与来对它们自身治理的方式进行改革。而且,这三种替代方案中的两种都感兴趣于促进对政策议题更真实的辩论与讨论,并只在公众有机会思考和探讨这些议题时进行决策。

这三种替代方案最基本的要点在于,做出决策的过程就决定了政策决定。

作为这三种替代方案批判靶子的各种代议制度或许擅长制定某些类型的决策,但它们并不必然善于制定所有类型的决策。何况,即使代议制有能力制定决策,其标准过程倾向于优待某些结果而损害其他机会。比如,协商主义者与直接民主的倡议者认为,包容性的缺乏倾向于会产生这样的决策:对社会中组织得更好的要素有利,而使普通民众处于不利境地。这种观点并不是说过程作为(qua)过程让偏好发生作用,而是说,这个过程中选择参与者的方法往往偏爱有利于社会中强势力量的利益这样的结果。

正如我们对这些传统的民主治理模式的替代方案所做的进一步讨论,人们应该清楚的是,与对制度改革的替代方案的批评相比较,对既存制度的批评要更加条理分明和令人信服。现存治理体系当然存在着许多重要的问题,并且这些批判成功地找出了那些不足。我们已经讲过,这些改革提案本身有一些实际的不足。将这些治理理念付诸实践的主要问题在于,尝试让能够在小环境中奏效的理念在大民主环境中发挥同等功效。目前尚无真实的证据表明这可以成功。

由于社会与政治生活具有这么多特殊性,因此当讨论治理方法时,我们必须面对如何对各种价值进行权衡。在其他事项中要进行权衡的是,代议制民主相对于协商民主具有(相对的)分裂性(divisiveness),这是由于协商民主的特点被认为是将所有的观点皆纳入考量,某种程度上社群主义也是如此。然而,另一方面,直接民主可以比当前的代议制体系更具有决定意义,并且一些倡议者支持直接民主,它是因为直接民主能在没有修正案和不产生歧义的情况下对某个政策要点做出清晰的决定,并被立法机构制定为一项政策。

第三部分　治理与国家

引　言

第三部分将前述分析应用于当代国家，不只应用于发达的西方民主国家，也应用于亚洲、拉美地区及发展中国家和地区。显然，治理的兴起迫使我们重新考虑我们对于国家与国家力量的各种思考方式，以及处于不同发展程度的国家对此有着怎样极其不同的探讨。因而，我们在这个部分要处理的关键问题是：是什么决定了国家力量，以及强势国家对治理有多重要。关于这个议题我们提出的观点是，国家力量越来越不是能否将其意志强加于社会的问题，而愈发是一个事关政治与社会工程、企业家精神与热忱的问题。强势国家已经发展出一种适应国内外环境变迁的技能。这种技能通常来自一种识别与发掘公—私交易合作模式的能力。曾经强大而今显弱的国家可能缺乏这种能力；而以往弱小当下强大的国家通常掌握了这些技能。

这里的结论是，只要我们认识到定义国家类型的要素很可能正在改变，则有关强势国家与弱势国家的讨论仍然是非常有意义的。在这类讨论中，治理成为人们关注的中心，因为我们认为国家力量正在日益成为治理中的主导角色。

第 8 章 | 转型中的国家

当前很多关于国家的辩论,议题围绕着国家如何回应资本全球化,以及国内政治与经济对这种新型经济的适应。这场辩论的关键主题是国家对于国际资本的适应程度有多大,以及作为全球化的结果,国家还留有多少自主性(例如参见 Boyer & Drache, 1996; Camilleri & Falk, 1992; Esping-Andersen, 1996; Garrett, 1995; Helleiner, 1994; Hirst & Thompson, 1996; Krugman, 1994; Moses, 1994)。然而,值得注意的是,就像国家正面临着不可逆的衰退这种说法已一个世纪有余,尽管在不同时期有着不同的理由(Navari, 1991),国家或多或少被某种程度的转型与变革不断塑造。它们的经济、政治、社会与制度——不少甚至在地理上——一直在被重塑着。因而,国家调适作为一种现象大约与国家本身同样古老,由此,这个议题并不在于国家是否正在重塑与发展,而在于它们如何管理自身的转型。

如前所述,当前可能正在发生的是——在此我们主要是在推测——尽管国家自身此前精心安排了许多它们要去适应的变革,但现在,在越来越大程度上它们正在适应那些并非是其主动和直接发起的变革。在制度方面,现代国家的发展很大程度上关乎结构、工具与过程的设计,以便对社会中更高调的公共活动负责。国家活动对社会的日益侵蚀,反过来激发产生了国家制度不得不予以回应的过程,尤其是产生了对不同类型的国家行动或供给的社会性依赖,因为我们只需考虑对这样的国家的日益依赖,即国家作为福利的供给者、市场中的消费者、基础设施发展的主要代理者、利益集团间冲突的仲裁者,或国际谈判中贸易战略的保护者。这些发展在很大程度上是国家所推动的政策的可预知结果。

在前一章中，我们简要触及了国家环境变迁根源的可能转变。我们相信，迈向治理的发展带来了一个关于这些议题的新视角。特别是，关于公私合作与协调的不同制度化形式的观念指出了国家与其环境之间一种部分新的交易模式，反过来，这个模式对国家获得有关环境变迁的知识及其如何回应那些变迁的机制产生了影响。

在当代国家环境的动荡背景下，国家力量（及其治理能力）与以下两个相关因素的关系越来越密切。一个是国家适应外在变迁的能力。正如我们在本章稍后部分将主张的，当今的制度学习是一个持续的过程。然而，情况并非总是如此；由于国家的环境不断地以不易预测的方式发生变化，学习与管理偶发事件成为必然。这一对环境的反应超越了稍早所讨论的简单的控制论模式，并且意味着国家调整其制度与程序，以维持与增进治理能力。

国家力量的另一个关键特征是其行动能力。这种观点处于治理理论的核心，它不同于有关国家力量的更为传统的观念，即将国家力量看作一组来自宪法上或法律上对于机关权限的评定。显然，国家行动是根据外在变迁来加以描述的：行动预设了某种程度的适应能力。要强调的是，以治理观点来审视这些议题，赋予了国家行动能力以一种更有价值的形象，因为，从这个视角出发，行动较少来自宪法上的权力与能力，而更多的是来自国家追求各种目标的能力，即能够在关键社会行为体中建立优先顺序与协调行动的能力。

简直不用说，国家并不像一些以往的分析可能引导读者得出的结论那样是同质性的东西。因而，为了对这些议题有所了解，本章将按照它们回应内外环境变迁与发展的模式，来检视不同的国家（以及不同类型的国家）的轨迹。而且，由于不同的组织与政策领域表现出不同的适应能力，单个国家内部也可能存在着差异。

国家力量与适应力

近期的全球化导致大批学者重新思考关于国家力量的议题（有关这类文献的精彩评论，参见 Weiss, 1998）。一种视角认为，全球化是国家自主性的一个主要威胁。国家结构丧失了对经济的巨大影响力,反过来,显著损害它们的整体行动能力。另一种断言称,虽然全球化无疑是现代国家的一个重要挑战,但国家是一个有适应力很强的创造物,故此我们应该可预期——或已经看到——国家通过转型来应对全球化挑战。

更仔细地观察国家适应新的外部环境与情况的能力,我们也可以发现不同的解释与观点。西达·斯考切波(Theda Skocpol, 1979)认为,与其他国家相比,强国家内在地适应力较弱。这是因为在她的分析里,国家力量是独立机构与集权国家共同作用的结果。中央集权减少了国家与社会的接触点,这有时阻碍了国家学习外部变迁,也由此减损了国家的适应能力。

与之相竞争的观点是,国家的适应力并非直接与国家力量相关,而是与治理直接相关。这种主张的理论基础是,比起强国家,弱国家更大程度地被市民社会渗透,而且更深地嵌入社会之中。这种嵌入性提供了国家与社会之间的一束密切联结,国家可以利用这种关系来学习外部变化以及对这些变化做出回应(Evans, 1995)。因此,就像橡树易折断而桦树易弯曲的事实,显示出实际上桦树较之橡树更具弹性,强国家或许看起来更有调适能力,但更常见的是它们往往成为自身刚性的俘虏。

所以,力量与适应能力并不必然是一个硬币的两面。"国家力量"在斯考切波的定义中是典型的传统政府观——治理是政府机构能够向社会强加其意志的能力。然而,弱国家比强国家更具适应力的看法,在这个议题上更接近治理观点。也就是说,为了达成所希冀的目标,弱国家必须找到课税以外的方法。我们将在本章稍后部分回到这个问题。

而且,制度学习与调适是一个持续不断的过程。许多证据显示,国家的这种学习与适应能力正在逐渐增强,因为比如,许多新近的制度与行政改革就通过减少中央集权的政治控制,以及增加制度与其环境的相互影响来促进组织学习(Peters & Savoie, 1995, 1998)。特别是,协商和公民参与的项目(Pierre, 1998b)意味着政府增加从大众与网络学习的机会,这在新治理中被认为如此之重要。从网络中学习并不意味着控制,而是与环境的一种积极关系。

国家模式、国家传统与治理模式

理解国家力量的一个途径是以动态视角来观察国家如何与周边社会进行交易，也就是说，关注随时间变化的趋势。这一视角有助于触发国家力量与治理能力的变革。我们将观察这些发展的四种不同类型：强国恒强，强国转弱、弱国变强、以及弱国仍弱。在各个类型中，我们大略选择了一些个案来说明国家力量的变迁。更进一步，在这四种不同的国家发展类型中，我们将分别考察它们近期治理的变迁，以了解国家力量的改变在何种程度上能为新兴治理型态所解释；或者，进行另一种了解，即它们在何种程度上推动了在不同国家背景下考量治理的新途径。

强国恒强

在这类国家中，我们以法国、德国与日本为例。这三个国家全都——尽管以不同方式——受到第二次世界大战的重创与损毁。而且，它们都——还是由于不同原因——无疑以国家主导的方式着手战后国家重建（Cohen，1977；Hall，1986；Johnson，1982；Reich，1990）。在德国和日本，战争损毁范围如此之大，以至于除了跟随国家在经济上的主导地位而别无其他选择，尽管在日本，这至少是符合政治文化的一种安排。同样，支持德国重建的外资大量涌入，这就要求有一个强有力的中心，而唯有国家能承担起这个职责。在日本，自珍珠港事件以来，国家开展国际行动的起因有几个方面，都最终与管理日本的经济依赖相关；结果是，重建本土产业被认为是最符合国家利益的（Johnson，1982）。

当战后各自国内经济重建一旦迅速完成，德国与日本的政府组织与国家集权化程度就走上了不同道路。1949年的德国宪法强调分权，主要是以地方政府（*Länder*）为基础，而且在地方政府与联邦政府之间有着明确的分工。这种制度上的设计不但确保高度的财政纪律，与之相伴的是广泛的福利国家服务。的确，关于自治的德国中央银行（Bundesbank）对宏观经济政策进行严格控制，伴以国会程序防止过度的公共支出，以及对治理公—私交易强有力的司法传统，使得德国非常接近强国家的范本。

法国为国家力量的来源与表现，提供了一个略微不同的视角，尽管在根据管理外部经济应急事件来定义国家利益的程度上，它与日本有着一些相似之处。历史上的中央集权（*étatiste*）传统、强调政府集权化的体系，以及对维持国家在经济中统合（*dirigiste*）角色的共识，这些所能说明的，不只是经济重建的急迫需要（Dyson, 1980; Hall, 1986）。法国强国家的另一个方面似乎是高度的政治自信与国际自信，因为尽管法国与其邻国有着强大的外交纽带，但它——至少历史上如此——坚持将国家利益置于集体目标之前。法国决定不加入北约（NATO）联合指挥，而是发展自己的打击力量（*force de frappe*）；法国跟英国对着干，不像英国那样在 20 世纪 70 年代早期加入欧共体（EC），这些都只是法国拥有高度自主的国际形象的几个例子而已。尽管如此，今日的法国与德国一起成为强化欧盟的最有力支持者（Menon, 1998）。

因此，我们可以将这类国家力量视为经由中央集权而来的力量。就历史而言，法国、德国与日本的情况无疑正是如此。政治与制度上的集权有助于集中与协调资源与控制权，并将它们置于独立组织的控制之下。尤其在法国与日本，中央政府对自然资源与经济发展进行广泛规划。次国家政府主要是国家在地方与区域的延伸。这表明，在日本，政治精英是以相当怀疑的态度来看待整个地方自治的理念的（Muramatsu, 1997）。

如上所述，注意到这一点是很有趣的：源自中央集权的力量似乎是一个历史的而非现行的特征。而且，此类力量似乎对“发展型国家”（developmental state）尤其重要。这些国家展现出了聚集与协调国家资源——公共的和私有的——的巨大能力，以此促进被视为国家核心利益的经济目标（Johnson, 1982; Weiss, 1998）。作为“发展型国家”典型特征的强大的向心力，产生了这样一种治理模式（尽管是高度以国家为中心的），即，明确承认国家几乎完全依赖于企业部门以达成经济成长与工业发展的最优先目标。正如韦斯和霍布森（Weiss & Hobson, 1998: 174）所说的：

创制和执行政策的过程，涉及一个比“谁支配”这一简单问题要复杂得

> 多的过程。我们认为这不是官僚制主导的问题,而是**协调**的问题(强调为原文所加)。

这种对于国家之外的行为体的政治依赖——或是韦斯(Weiss, 1998)所称的"治理的相互依赖"(governed interdependencies)——促进了对精妙的调控机制而非严格的管制或干涉工具的依赖。它是一种政治与商业间的对话形式,这在很多方面都是日本与东南亚文化的一部分(Johnson, 1982; Okimoto, 1988),但或许在于德国的运作方式(*modus operandi*)中少很多。

由此,通过中央集权提升国家力量似乎是一种可行策略,不过这是在全球化兴起之前,在国家财政危机之前,在对日渐强调注重管理的国家输送多样化并客户调谐(customer-attuned)的服务之前,以及在国际体系制度化影响力的发展在某种程度上控制国家政府之前。若情况如此——即在这些变化出现之前,如果中央集权的政府体系是一种选项——那么,为什么不是所有的国家全都"选择"去发展成为一个强国家?答案很大程度上在于,大量民众基于意识形态的、文化的或一些情况下也有历史的理由而偏好相对弱势的国家,以避免公共权力变得太大或不可控。此外,国家力量必须从其情境中来了解(Evans, 1995; Gourevitch, 1986),因为它嵌入某个历史过程并且是这个过程的结果,在相当大程度上,这个历史过程界定了什么样的政策选项是适合于现在的(March & Olsen, 1989)。

就像任何其他国家模式一样,集权国家有其优势与弱势。已经讨论了优势,我们现在需要更仔细地考察它的弱点。一个明显的弱势是,集权减少了国家与其周围的国内和国际社会的接触点。当国家的外在环境变化速度加快时,或当变化的主要动力不再是政治而是经济时,接触不足便成为一个问题。在稍早论及的有关政府的传统观点中,国家是政治、经济与社会变化的主要起源。这种观点也并非完全过时,但不像以前那么有效了。比方说,从20世纪80年代以来,国家在社会中的形象较低,这迫使它们转变为学习型而非教导型组织。

相对来讲,集权国家模式的另一项重要弱势是,利用知识、专业技术和专业素质的能力不足。战后这段时期,大部分国家政府的扩张——尤其是法国与德国——都蕴含着政治体系内区域与地方层次雇员的专业技术与专业素质的实质性成长，这在很多方面与人们在中央政府的所见相符。最为重要的是，次国家政府的雇员对于中央(联邦)项目如何“落地”实际上是富有洞见的，而其20世纪70年代的执行研究发现，这在项目设计的时候明显未被考虑(Pressman & Wildavsky, 1976)。

随着国家外部环境变化的日益加快，二十多年来集权国家的弱势愈发突出。国家根据其与社会之间变化着的关系而采取行动，正如我们在第6章所见：横贯整个西方世界，各国——基于各种不同原因——正在以增加与周围社会接触点的方式进行重构。然而，过去几十年中国家—社会关系的主要特征，是国家的衰退和允许市场在社会中发挥更重要的作用，这既是一种分配机制，也是一种私人企业与个人主义的指导哲学。与其说明国家自身的重构，这些发展或许更能说明国家与社会之间新近出现的关系。首要的价值体系发生的变化，典型地将私人部门描述为社会中的“主要代理”(principal agent)，而公共部门则日益被视为市场的附属。对近来国家制度的变化，人们应从这个视角来进行考察。

现在我们需要评估的是，分权化在何种程度上表明——或蕴含——国家的弱化，或者，我们能否通过分权化来证明国家力量。在这部分的讨论中，有很多观点认为分权化是维持国家力量的工具。于是，在法国，近来的分权化使得次国家政府与政治生机勃勃。地方政府行使它们更大的自由裁量权来开展令人印象深刻的改革，旨在使公共部门更易于接近，比如，简化公民与权威机构之间的往来，以及引入网站和电子邮件作为公民与公共服务之间的一种沟通手段(Meininger, 1998; Rouban, 1998)。

分权化改革对于重新定义中央政府的主要角色也是非常重要的。通过很多操作性的——有时也有财政上的——职责，将公共服务分权给次国家政府，中央国家机关就愈发能够专注于长期的战略性议题。这些议题包括日益密集的国内—国际网络，以及和缓且协调的全球—国家—次国家之间的交易。在这些方式中，分权化已经帮助国家在其所处的第二个千禧年末重构以解决典型的环境议题与问题，伴随着的是金融市场的放松管制，以及跨国与次国家体制作用的日益增强，正如本书之前所讨论的那样。

相似的发展在德国与日本明确可见。德国联邦政府与地方政府之间的分工甚至进一步转移到了区域层次上。或许最重要的是，经济发展主要在地方政府或城市层面上被推动，而中央政府更直接的关注宏观经济政策、管理大量与重新统一有关的议题，以及进一步巩固欧盟的跨国议题。即使在日本，中央政府似乎也关注更核心的政策议题，而县市政府的运作也愈发独立于东京。当然，大部分国际比较发现，中央政府对于次国家当局仍行使极为严厉的控制权，但次国家自主性某种程度的发展也相当明显。当前严重的财政危机进一步使得中央政府关注这些重大议题，而将越来越多的裁量权留给县市政府。在日本，与分权化力量唯一有点背道而驰的趋势是，将对于经济发展的持续关注看作国家安全。比如，东京评估次国家的国际化的主要依据仍是其如何影响日本的贸易均衡，同时利用强有力的工具以防止县市追求那些中央政府不关心的政策。

有两项重要结论，得自对国家力量之逻辑的简单讨论。第一，强者恒强实际上只是国家对其力量进行某些弹性与适应性的改变。他们持久的强势并非因为安于对国家强势资源利用的现状，而在于成功地重新定义那些资源及其在公共政策中的应用。于是，这些国家反对继续依赖权力与能力的传统来源，反而转向发掘新的并不那么具备强制性的制度能力基础。的确，我们可以进一步断言和指出，由于国家环境变化的速度日益加快，国家力量是适应能力的结果。全球化与区域化已经重新定义国家力量的来源，并因此，重新定义了国家与政府在治理中的角色。

第二，通过集权化或分权化来建造国家力量——在这里已经到了是一个真实选择的程度——并不是并行的选择。这两种国家模式合乎逻辑地嵌入不同的外部环境中，因此其力量来源于不同时间点的不同制度框架。确实，对国家结构的同步分析将揭示，虽然它们似乎嵌入同样的国际环境中，但这些可以表明，集权化的程度并不能通过国家环境的性质来解释。然而，更细致的考察将显示，这些方面的大多数变化在很大程度上解释着国家的历史发展，以及国家形成与巩固的轨迹(Dyson，1980)。

大量研究显示,在政治经济环境中,国家力量并没有那么依赖正式国家制度的能力,而更依赖于它与企业行为体合作有效运行的能力,反过来,国家治理能力在很大程度上依赖于社会的构造(Atkinson & Coleman, 1989; Berki & Hayward, 1979; Evans, 1995; Gourevitch, 1986; Hall, 1986; Kenworthy, 1995; Weiss, 1998)。这表明,伴随着私人资本的重塑,国家与私人企业之间是一种动态关系,国家需要重新考量其制度安排。显然,这只是国家必须回应以维持(或增加)其治理能力的几种不同类型的外部因素之一,因此我们只需考虑跨国体制日益增强的力量或国内市民社会的变化,以看到国内保持一定制度弹性的必要。

强国转弱

毋庸置疑,多数"全球化倡导者"会将大量国家(甚至所有国家)放进这个类别。然而,正如我们稍早所论证的那样,我们不认为全球化与国家力量之间存在零和博弈的关系,因为这种理论有两个基础,一是国家组织与治理结构高度一致,二是国家形象是不能适应与无法转型的结构。在我们看来,这个有趣的研究问题更应该是不同国家模式与治理结构是如何回应全球化的。

原本强势但后来变弱的国家,可以为这类讨论提供一些有趣的洞察,因为,它能帮助我们发现国家力量的基础、及适应变化的政治。我们选取了五个国家来证明这种国家发展类型:四个北欧国家(丹麦、芬兰、挪威和瑞典)和英国。北欧国家与英国有着非常不同的发展路径,但尽管如此,共同的是它们的国家力量都相对衰退了。

斯堪的纳维亚——或者,如果我们算上芬兰,那就是北欧地区——往往被认为完美契合"最相似体系"研究设计的一组国家(Przeworski & Teune, 1970; Peters, 1998c)。尽管历史上的某些时期的确如此,但仍有理由表明这四个国家在许多基本方面是不同的,因此将这四个北欧国家聚拢为"斯堪的纳维亚模式"是一种误导(Grönnegård Christensen, 1997)。最重要的可能是,这些国家几乎在政治经济的各个方面差异巨大,因为它们的经济基础如此不同:挪威可利用丰富的石油储量;丹麦则专长于先进的农业与工业;而芬兰与瑞典尽管拥有电信与医疗这样的成长型朝阳产业，却仍将制造业作为经济支柱。

北欧国家——主要是丹麦、挪威与瑞典——的战后路径在国家快速发展和全面福利方面令人印象深刻。与此同时，国家避免对企业部门产生任何长期重大干预，主要是因为私人企业对支撑经济发挥着决定性作用。这三个国家都曾经（也依然）脆弱地依赖出口收入，因此企业部门必须具有国际竞争力（Katzenstein，1985）。其结果是形成了一个有趣的（不真实的）所谓"混合经济"政治经济模式。这类政治经济的特征是广泛的再分配与公共服务、高税赋（征收所得税与消费税多于企业税），以及遵循于市场的产业政策与政治经济。因此，这更是一个社会政治与经济领域的共存问题，而不是真正的混合问题。

从历史上来看，强势的北欧国家是这个区域内集体主义政治文化的一种延伸。与比例代表制的强烈观念一道，这种文化也促进了强大的利益集团以及截然不同的用以政策商议与执行的统合主义模式。北欧国家的很多历史强项由此得益于它们达成共识的能力，即在所有关键政治与社会政策上的共识。这种共识由选举过程和利益集团参与政策的过程所共同产生。

由此，这些国家都有着强国家机器的遗产，但近来释放出很多逐渐弱化的信号。挪威是个例外，该国经济惊人上涨，是石油与天然气税收及相关离岸产业的推动，北欧国家——主要是芬兰和瑞典——已被证明容易受到国际投机对其货币的影响。高出口依存度与维持财政纪律的问题结合在一起（Hinnfors & Pierre，1996；Weaver，1987），使得这些经济体极易引发国际投机。

某种程度上，北欧国家的衰弱可以用"和平共存"（peaceful co-existence）这一特定类型来解释，这个类型在社会民主党执政的国家与企业部门之间逐步形成的。按照韦斯（Weiss，1998）的观点，她讲的"治理的相互依赖"要更易于管理，前提是企业部门拥有强大的利益集团，同时这些集团以某种方式与政治精英融合在一起。北欧国家中存在大量代表私人企业的组织，但这些组织与国家间的网络大部分是脆弱的、非正式的与不连续的。在统合主义的全盛时期，企业组织不断被卷入政策过程的不同职责之中。但至少在瑞典，不少人认为，这些统合主义安排过去几十年来已经丧失了大部分的影响力（Rothstein，1992；Weiss，1998）。

衰退的另一个潜在根源则与这些国家外部环境变化和其国内决策安排之间的关系相关。有些观察家认为,统合主义决策模式在适应国际或全球变革时并不是非常有效(Gourevitch, 1986; Olsen, 1982)。其他人比如彼得·卡赞斯坦(Katzenstein, 1984)则认为,统合主义体系在某些方面与其他决策及利益表达模式在适应与回应变革方面至少同样有效。这些体系在如何迅速回应的过程中所损失的,则由适应外部变革的措施具有的广泛社会共识而得到了补救。卡赞斯坦(Katzenstein, 1984: 245f.)指出,奥地利与瑞士:

> 在校准经济弹性的需求与政治稳定性的要求上各具特色。瑞士支持经济上的弹性,但要做出某些政治上的让步。奥地利则依据政治上的让步来制定政策,同时也不忽视弹性上的要求。将弹性与稳定性相连结,这两个国家均选择以变革为代价而求生存。

有人可能会——也不是不会在某种程度上成功——争辩道:卡赞斯坦所观察到的模式反映了统合主义的政治经济优先于资本与市场的全球化。尽管看似如此,但也必须注意的是,这些工业化的民主小国在国际市场上的成功运作已有很长的历史,这种运作势必会带来对外部变革的适应(参见 Weiss, 1998)。因此,总之,作为治理体系的统合主义本身似乎并不缺乏在回应外部动荡的过程中提供调控与领导作用的能力。然而,北欧国家统合主义体系近来的弱化,也意味着这些国家力量上的衰落。有些讽刺意味的是,尽管统合主义体系对经济变革的回应相当迅速,但国家却倾向于缓慢地统合主义衰落。开发新的治理结构以取代利益包容的统合主义模式是一个长期过程。

统合主义以不同的方式显示了它自身的衰落。尽管很多政策部门对利益集团仍有很强的影响力,但薪资谈判过程已经被分权化,政策过程对利益集团依赖也全面缩减。虽然北欧国家当前的政治参与方式很能表明,加入大型组织的吸引力已大不如几十年前(Katz et al., 1992; Listhaug, 1989; Petersson et al., 1998; Widfeldt, 1997),但我们不认为统合主义衰落的主要原因在于志愿性社团。相反,两种强大的外部变化曾经对这类利益代表方式提出了严肃挑战。其中一种是国家财政危机，与北欧国家的统合主义全盛时期相比，如今已没什么可以讨价还价了——但要承担更多的责任。而且，欧盟的巩固经引入了新的模式来设计和执行管制，对此，利益团体似乎仍在寻求有效的抗衡策略。类似地，欧盟正在逐渐强化它们的国际合作，作为对私人企业国际化的回应（Elvander & Seim Elvander, 1995）。

由此回望历史，丹麦、瑞典及芬兰的国内政治安排与治理结构，似乎并未有效地处理关于财政与意识形态的变革，以及经济的国际化的问题。考虑到这些国家长期的贸易依赖传统，这似乎显得在某些方面是反直觉的（counter-intuitive）。需强调的是，这些问题主要不是由变化中的国际经济依存模式引起的，而是国内经济成长减少与政治环境波动二者相结合的结果。先前居于主导的社会民主党已显著衰弱了。与此同时，新的政党进入了议会。结果在确保议会支持内阁的提案上变得越来越复杂。如同韦弗（Weaver, 1987）所指出的，少数派政府——这三个国家都是如此——没有妥善地解决财政问题，也没有实施严厉的紧缩计划。

然而，这三个国家目前都是欧盟成员，也都有可能加入经济与货币联盟，只是时间不同罢了。这种成员资格将对传统的治理结构产生深刻的影响。虽然政治过程的典型特征很可能将依然是统合主义，但利益集团不得不学习在预算赤字与通货膨胀被严格限制的政治经济中运作（Hinnfors & Pierre, 1996）。在这些国家中，统合主义已经明显被财政资源的普遍亏缺所弱化，但仍不得不被侵蚀，或被改变，甚至更坏。

挪威与此不同，选择特立独行。人们可能会认为，挪威不加入欧盟是由于坚信来自石油的收入能够给它足够的财政力量以在欧盟—经济与货币联盟框架外发展自己的经济。然而，挪威具有悠久的政治与文化传统来适应它的边缘地位（Rokkan, 1966），这非常清楚地表现在1994年该国针对其是否加入欧盟而举行的公投中。很多成功地反对加入欧盟的运动认为，如果加入，挪威会成为欧盟的绝对输家，其成员资格将使国内不同区域间的不平衡加剧。

然而，在发展有助于（如果不是必要的）治理能力的强势议会多数派方面，挪威面临着与其北欧邻国同样的问题（Lijphart, 1984）。而且，也有证据表明管理石油为基础的经济是很困难的；由于强劲增长，通货膨胀与薪酬过度增长成为了反复出现的老问题。挪威在保护经济免于沦为“科威特式经济”(Kuwait economy)上获得了成功，这种经济完全由某一种收入来源控制。但控制经济以同时保障上述两种目标，与此同时扼制通货膨胀趋势，要求有明确的政策工具与毫不含糊的议会支持来推行这些措施。其中没有一种需求被很好的满足。有意思的是，比起已经加入欧盟的国家，不加入欧盟—经济与货币联盟很可能已迫使挪威在更大程度上依赖强制性政策工具。

现在转向英国，这是另一个原本强大但当下变弱的案例。撒切尔计划明确以强国为基础，但讽刺的是，其目标却要减少英国社会整体的国家性。正如登列维(Dunleavy, 1989)在关于英国“无根的国家主义”(ungrounded statism)讨论中所指出的，很多人认为英国从未拥有强国家，因为联合王国中有着强有力的离心倾向，而且英国政治经济的有意间隔多，国家与企业及金融部门间的整合少。

此外，行政制度安排已通过各种方式被重构，这表明它们已经丧失了实质性的影响力。引入半官方机构(QUANGOs)与代表处，或国有企业与一些公共服务生产机构的民营化，诸如此类的制度改革都显示了放松政治控制，以及将市场类机制导入公共部门的愿望与尝试，此时也意味着，它们剥夺了政治精英统治社会与经济的一些工具。要强调的是，这曾经是这些改革的审慎目标，因为人们认为国家实施了过多干预与管控。换言之，过去二十年英国的大规模制度改革显示出一位高级文官所描述的“英国病，即，提供制度性方案来解决根本性问题”(转引自 Evans & Harding, 1997：28)。尽管那时也有其他类型的改革，但英国似乎更坚信，当重塑国家在社会中的角色时，手术胜于药物。

也有人说，英国的国家能力也受到了强势部门网络(sectoral networks)的伤害(Marsh & Rhodes, 1992; Rhodes, 1994)。虽然回顾发现，稍早所讨论的制度变革似乎非常有助于部门网络的保持和巩固，但这是一个完全不同的发展类型，显然不同于对国家结构的有意弱化。这种网络力量的成长是国家力量衰退的一个好指标。最终，我们必须认识到，国家力量也受到了变革中的制度化关系的影响。正如安德鲁·盖姆布(Andrew Gamble)最近所指出的：

> 一副图景正在展现，即，国家层面的决策可能变得越来越不重要，而欧洲层面与地方层面却变得愈发重要。撒切尔政府试图弱化地方层面，并阻挠迈向更强欧洲层面的行动。但那只可能延缓此过程(Gamble，1994：224)。

故而，就我们论及的英国国家力量的衰落来说，这种衰落很大程度上是一项政治计划的结果，这项计划的准确目标是针对：撒切尔夫人的许多政治计划始于这样一种信念，即国家在社会中扮演了太强大的角色，从而伤害了经济成长。撒切尔夫人认为，社会的主要动力不是(也不能是)政治的，而是经济的，因此她的政治目标在于"释放"成长的力量。有些讽刺的是，这项计划要求短期具备强国家的全部特质，但显然长期的目标是消除英国制度能力的一些传统来源。

英国与欧洲数十年来经历着不稳定的关系。如稍早提到的，撒切尔夫人对于将英国的国家权力移交给欧盟是犹豫不决的。猜疑是相互的，这表现在戴高乐否决英国加入欧共体，因为他深信英国更忠于大西洋轴心，并且与美国的合作比与欧洲更紧密。更近以来，英国当前的工党政府对于欧盟的承诺和参与则更加坚定、明确。但英国的政治精英与普通民众都强烈反对全面拥抱欧盟—经济与货币联盟计划。保守党内部的重要团体仍然是"疑欧派"(Euro-sceptic)。在选举层面，塔加特(Taggart，1996)提及的部分所谓"新民粹主义"(New Populism)在英国选民中引发了强烈的反欧盟情绪。

我们此前提出，强国恒强的理由在很大程度上在于它能成功地回应外部变化。这是否意味着强国变弱，是由于缺乏保持国家强盛所需的适应能力？当然，未必尽然。北欧国家(尤其是瑞典)的衰退，部分原因很可能的确是回应外部变化的能力很贫弱。这些国家曾经很长时期处于经济繁荣之中，允许强势利益集团以广泛管制与分权改革的形式去推动旨在维护其选区利益的项目。解除这些管制结构就引发了那些既得利益集团的强烈反对。诚如琳达·韦斯(Linda Weiss，1998)指出的那样，"瑞典模式"的衰落更多是国内而非国际变革的结果。因此，瑞典在保有吸引力及熟练劳动力方面存在问题，越来越多的私人企业考虑迁往他国。

英国的故事则不同。这里,弱化国家是撒切尔政府的一项首要政策目标。故而,我们必须意识到国家力量强势的规范维度,并意识到引发衰退的国内政治因素,而不只是看到全球经济的变化——很多人视其为造成国家弱化的主要动力。而且,在这一案例(或与其他案例)中,国家选择削弱自身能力是基于意识形态的原因,相信社会与经济应该能够自行做出更多决定。1997 年以来工党政府的执政,试图恢复国家先前拥有的一些权力,包括宣布有能力接管失败的地方当局与服务。或许为时过短,尚未能看出其权力是否已得到实际恢复。

弱国变强

考虑到当前对于国家权力与影响力的衰退的强调,治理领域中一种或许无法预料的变革模式是,一些国家实际上正在变得更强。而且,某些通常被认为是弱化国家的因素,在某些特定环境下实际上可以成为强化国家的因素。我们以亚洲小虎(新加坡、南韩、马来西亚)和美国为例来阐述上述观点。尽管这些治理体系在许多重要方面迥然不同,但它们都显得被国家在国际事务中的角色所加强,因为全球化增强了而不是削弱了它们对国内势力的权力。而且,在美国的案例中,比起以往的利益集团架构,利益集团网络的发展也赋予政府更多的权力来控制国内利益。

亚洲小虎与“发展型国家” 国家利用国际环境作为加强自身权力的一种机制,最明显的案例或许可以在亚洲的小国家那里见到。作为冲突结果的不同新兴实体,或作为殖民主义终结的结果,这些国家面临过如何在国际市场中生存与竞争的问题。在他们独立之时,其经济要么以出口原材料(金属矿、石油、木材)、服务(航运)为基础,要么看起来几乎一无所有。它们如何能够从这种经济状况中找到出路,成为即便不是超级经济体也无疑是世界经济的重要成员呢?

简单的答案是,它们通过建立鼓励外商投资的强国做到了这些,接着便可以一边指导外商与国内投资,一边建立政治稳定性;韦斯和霍布森(Weiss & Hobson, 1998)称之为“治理的相互依赖”。然而,我们将看到,在其他后殖民环境下的很多政府，并没有发展出管理它们自己的社会的能力，远不能从外部环境的竞争中保护其经济，但这些国家却能很高效地做好这些事情，以及确实，一些人可能会争辩，太高效了。也就是说，这些体制的批评者认为，它们的经济成功是以其国内公民自由的损失为代价的。

但这大概还不足以说这些政府已经足够强大到可以去控制它们的经济与社会。这些国家的成功大部分与它们试图控制的社会的性质有关。一般来讲，这些社会相当顺从，或明或暗地接受以低一些的个人自主度来换取更高的经济增长水平。此外，这些国家会有意识地努力选择所要发展的经济产业，这些产业既能够在国际市场上获得成功，绝大多数情况下又不会颠覆国内的权力关系。总之，"小虎"能促进内部变革，同时保持着国内社会与经济结构的特质。而且，至少某种程度上在其他案例中，一种自上而下的福利国家模式产生了，社会中的所有阶层都在某种程度上获益于经济扩张。

美国——超级强的弱国家？ 当代政治生活中的一个(或其中之一)显见的矛盾是，美国经常被描述为一个弱国家或"无国家社会"(stateless society)(Stillman, 1991)，但同时它是仅存的超级大国。如同政治生活中的很多矛盾，这种现象更多是表面上的而非事实性的。这是真的，其主要原因在于，尽管美国的政治修辞通常是要维持一个弱政府，而且美国政治思想的契约性质否定了国家本身的大部分存在价值，但实际上，美国政府发展出了有效的政策与管理机制。那些机制建立在协调与讨价还价基础之上，而不是强制性的，但它们的确非常管用。而且，尽管有一种强烈的分权信仰，但大部分国家权力还是归属于联邦政府。在执行上，州与地方政府仍承担了大部分美国政府的重任(Derlien & Peters, 1997)，但政策设置更加常态化，而不是由中央主导。

开国者们的整体结构性逻辑，是要在美国缔造一个高度分散与分权的政府形式。这些宪法起草者极具智慧，在制度设计上获得了巨大成功。这个体系被分割为纵向上的联邦主义和横向上的三权分立，特别是当总统和国会分属于不同政党时，分治的政府(divided government)比起非分治政府是一种更司空见惯的形式(Fiorina, 1996; Sundquist, 1993)。尽管结构上是分治的，但美国政府已对其社会产生了更大的影响力，并且学到了如何相当成功地去应对(当它期望时)这种分割。美国政府政策制定的不断集权化,以及近来美国强国家的成长,是有一些历史根源的。那权力的最明显来源,是冷战及随后对于维持庞大军事力量的需求,这种需求是为了对抗已感知到的共产主义威胁。过去,美国曾经为去打仗而动员,但随后总是回归到非常小型的和平时期军队规模(Peters, 1985)。虽然艾森豪威尔总统在他的告别演说中警告,正在出现的军工复合体(military industrial complex),对于美国政府的传统价值是一种威胁,但是,冷战的实际效果却为华盛顿的更大(以税收、支出和公共雇员计算)政府提供了辩护(参见 Hooks, 1993)。超过 200 万人的常备兵力,以及规模约为其一半的国防部,成为冷战时期的政府特征,国防也成为证明其他的政府干预的一个手段,例如,国防高速公路法案(the National *Defense* Highways Act)和国防教育法案(the National *Defense* Education Act)。

对外交政策中传统孤立主义立场的摒弃,坚持到了冷战结束之后,而且,包含的远不只是国际政治中的军事角色(虽然那确实仍然是更为集权化的政府的重要方面)。同时,美国政府是一个重要的国际经济行为体,尽管有时没能缴纳国际组织应收的足额经费。美国在政府间组织(IGOs)中的核心角色,比如在国际货币基金组织和世贸组织中,让美国政府维持了其在国际舞台上的强势,并使得美国总统成为国内政治中更具权力的行为体。国际经济现在影响美国经济的方式,就在几年前都是预料不到的,华盛顿凭借其在国际经济中的核心角色获取了国内权力。在这种情况下,经济全球化似乎强化(而非弱化)了国家治理能力。

美国政治中另一个集权化的方面是资金,联邦政府有能力比州政府、以及尤其是地方政府(Anton, 1980; Peters, 1992)更轻松的筹集更多资金。联邦政府给予补贴成为了次国家政府能够对其民众提供服务而无须忍受加税政治之苦的一种方式。联邦政府不仅只是利用补贴来扶持它那些不太富裕的表兄弟*,且将联邦政府的优先性置于那些政府及其政策之上(Posner & Levine, 1985)。当联邦政府指挥州政府及地方政府行动的能力(Posner, 1998)叠加上

---

* 即州。——译者注

钱袋子的力量时,联邦政府就可以从实质上改变几十年来美国联邦主义的权力均衡。比如莱里·米德(Larry Mead, 1996)指出,近期美国的福利改革其实是国家建设的一个组成部分,把更有力的国家管制标准强加给州政府及其接受者。尽管有影响力的政客公开努力要减弱这种转变趋势,并试图恢复他们认为合适的联邦体系内的均衡,但体系的集权化的确已经发生了。

如上所述,政策网络的发展也已趋向于增强美国政府的自治权(autonomous power),而非削弱它。休·赫克洛(Hugh Heclo, 1974)对于美国利益集团活动领域的变化作出了开创性描述,他对利益集团通过议题网络来拓宽政治活动参与范围所作的评估,也被证明是非常精准的。虽然著名的"铁三角"曾经支配美国政治影响力这个渠道,现在则有各种各样的组织在更广范围上的参与(Petracca, 1992),由此,政府有一些可能从政策的竞争性观点中做出选择。

在治理的铁三角模式中,政府(或至少是政府机构)需在每一个政策领域中挑选一个合法的利益代表(Freeman, 1967)。此种选择赋予了单一利益集团对政府的极大影响力,在提供政策建议方面是这样,在政治上也是这样。随着更加多样化的利益集团,包括越来越积极主动的公共利益团体的涌现(Rothenberg, 1992),政府机构在决策与政策执行上拥有更多可能的合作伙伴。机构可获得信息的范围也充分拓宽,因此它们可以做出更多自主决策。这并不意味着机构无法继续顺畅地与它们最偏爱的利益集团携手合作,而是意味着,如果机构希望突破这种模式,它们仍可以做出实质性的选择。

最后一点是民族性,那也是很多国家权力衰落的根源,实际上是华盛顿权力的来源。少数族裔往往广泛地分散在美国各地,正是基于这样的特征,他们很少对地方政府提出需求。从20世纪50年代起,伴随着反种族歧视抗争与州政府权利争夺,中央政府倾向于提倡通过政策(一部分来自司法系统)和运用权力(包括偶尔的军事力量)来执行民权裁决及其后续立法。而且,在美国案例中的种族差异似乎强化了国家力量,而非弱化。这在很大程度上是因为,宪法观念保障平等,故此要求(或被认为应该要求)实现种族融合,而非支持既有的隔离,这种战略与其他大部分多民族社会所采用的极为不同。

我们不应推定美国已经成为参照欧洲模式的集权国家,因为美国的建国者们安排如此周全，以至于在可见的未来绝无发生此事的可能。政府体系中，在跨机构和跨政府层级的商讨协议与有效结联盟方面仍然存在着大量的问题，但是也有证据显示，这个体系已经在学习如何去处理那些问题。而且，有股持续的压力迫使美国政府进行甚至更进一步的分权，这股压力尤其来自国会的共和党议员（Conlan, 1998）。另一方面，在分权化的同时，美国政府也是务实的，其特征之一是参与者花费大量时间试图使其运转，而且通常都是成功的。注意这一点同样是很重要的，即美国的国家建设并不像通常认为的那样完全是冷战的结果，而同时也是其他一系列国内政治压力的结果。

弱国仍弱

最终，一些国家依然弱势，或是随全球政治经济的变革进一步弱化。这些国家主要可见于拉丁美洲和非洲。虽然那两个区域的国家命运显著不同（参见Hyden & Bratton, 1992; Collier & Collier, 1991），而且在同一区域内的不同国家也有所不同，但它们拥有共同的模式，即大部分国家在政治或经济上没能赶上世界其他区域的变化。这些国家在一些案例中的失败是相对的，因为比起几十年前，它们现在的经济状况已有大幅。然而，其他一些案例中的失败是绝对的，因为仅与几年前相比，其经济发展水平与治理能力实际上均已跌落。

而且，在这些案例中，起初就相对缺乏力量的国家未能展现出适应能力的增强，这类关系我们在此前的讨论中已经有所涉及。相反，这些国家表现出无法利用它们可能具有的灵活性。这部分原因在于它们自身国内政治的弱点，部分则因为加诸它们的严苛需求，即需要它们去适应快速变化的环境条件。可能的情况是，此类任受国际政治经济支配的国家，或许无法从灵活性上获得任何优势。

这些政体治理能力明显衰退的原因是多方面且复杂的。尤其是对于非洲国家，衰退的部分原因来自殖民主义模式，以及先前的殖民者所造成的国家性质（Tordoff, 1993）。且不论在承认其独立之前，殖民势力是否已为新政体的有效治理做好准备，明确的是，殖民主义所造成的边界与非洲既有的社会或经济区域几乎无关。相反，它们是政治权力和/或运用地理边界来定义殖民财产的产物。这种模式意味着，曾经困扰了诸如卢旺达、布隆迪、刚果、苏丹与尼日利亚的国家内部部落与宗教分割,被植入了这类体系。即便是世界上最高效的政府,对于有效地治理这些加诸它们身上的重担也是有困难的。

这些政府也面临着来自国际环境的严峻挑战。它们在经济上主要依赖于出口初级商品,尽管极力推行工业化,但仍受制于国际环境的动荡。在一些案例中,比如巴西和墨西哥,在创造更为工业化的经济方面已取得一些进展,可多数国家仍受制于商品销售。而且,不像许多亚洲国家,这里很少发展出诸如服装制造那样的轻工业。1998 年以来折磨亚洲的过山车式的经济,这些国家中的大多数都没有历经过,但大部分非洲国家和大量拉丁美洲国家都经历过滞胀与经济的持续衰退。需强调的是,这些外部经济挑战将会威胁到世界上最具效能的政府的合法性。

但这些政府并不是世界上最具效能的政府。加诸这些政府的除了沉重的负担外,它们自身在内部治理中也存在问题。需要强调的是,虽然很多拉丁美洲国家的动荡也显示出治理中存在着一些问题,但这种现象在非洲比在拉丁美洲更显而易见。一些明显的问题是它们的社会分化几乎直接被转换成了政治行动。因此在很多方面,政党是部落的与其他社会团体的挡箭牌(stalking-horses)。这种强社会关联使得妥协和建立有效联盟都变得艰难或无望,由此导致政治成为"赢者通吃",而不是更加严谨的执政竞争。而且,一旦入主执政,执政党倾向于利用职位作为一种回馈支持者的手段,进而强化其职权,由此,政府更多的是增进某些社会团体的利益,这超过了对于治理的提升。

上述模式被描绘为掠夺式国家(predatory state),与之前讨论"亚洲小虎"时所述的发展型国家明显不同。这种差异的一个重要方面,表现在国家与其市民社会之间的关系。在这些较弱的模式中,国家一度是市民社会的牺牲品和掠夺者。称其为牺牲品,在于根本性的社会分化一般会推动许多政治,"包容性组织"(encompassing groups)的缺乏(Olsen, 1982)意味着政治几乎总是一种零和博弈。说国家是掠夺者,是因为掌权者普遍丢掉了主要的公民承诺,可能利用职务实现自我膨胀而非集体进步。

政党刻板地服务于特定社会团体,阻碍了其兼容性与适应能力。无法适应变化中的环境在拉美洲国家尤为明显,而 19 世纪后期它们的经济与社会政策

(Papadopolous, 1992)比北美要先进得多。这些国家未能在世界上保持它们的地位,反而逐渐落后。这种适应能力的相对欠缺在某种程度上与其和前述非洲国家相同的加惠承诺有关。然而,在拉丁美洲,适应性联系往往是通过更为个人的庇护式(clientelistic)的关系,而不是通过与社会组织的联系而被抑制的。但在上述两种情况下,国家都不太被视为一种治理手段,而更多是一种为特定社会部门提供益处的手段。

这许多表面上弱势的国家,在某些方面被认为是极为强大的。它们必定是独立自主的,因为与其民众或国际环境少有共同目标(Callaghy, 1984; Wunsch & Olowu, 1995)。如果把这些目标假定为更多的是与掠夺而非变革或发展有关,那么,它们往往也是能达成预期目标的。而且,这些国家能够动员充足的军事力量以追求政治精英的某种目标,也因此存在着 19 世纪(若非当代 20 世纪)世界力量中的权力陷阱。造成它们政权如此衰弱的原因是其缺乏在现代世界中似乎对治理至关重要的合法性,这种合法性的缺失至少是形式上的(若非总是实质的)(Hyden,1997)。

有些吊诡的是,这些体制中治理的内在难题会被国际社会尝试改变的努力所加剧。其中有些是运用了多种(有时是矛盾的)策略的作用。然而,更重要的是,过去发展市民社会的大部分工作的一个重点——虽然从根本上说是治理的一个重要部分(Gyimah-Boadi, 1996)——已经不再强调建立和改进治理制度的重要性。

如何解释国家力量的改变或缺乏?

现在我们已经审视了一系列不同的政治体系,并描述了它们在社会—经济环境变迁中的调适问题。对每一类国家的讨论,产出了一些对该类发展描述的初步概括。然而,是否存在可以延展至所有国家的某种通则,并且能作为一种治理的广泛理论基础?抑或各类或甚至各国的环境都如此特别,而不可能真有这样的一般性理论?

有几个主要理由可以解释这些国家在回应环境方面的相对成功。首先,解释的主要来源可能是政治的,并且政府本身的结构性与行为性要素或能预测政府的适应能力。例如,我们已经注意到,就像分权化程度更高的体系那样,中央集权政体可能无法适应改变了的环境,无论是否是正式的联邦制。同国际环境自身一样,那些超出了单一的政治、社会与经济因素的解释,都必须予以考量。

政治因素?

尽管在陈述中暗示多于明示,但本章的核心假设是,在解释这些社会中国家权力的变迁时政治因素是核心。然而,我们在此将政治宽泛地概念化,使其包含了周边社会的特性及其有效联系国家内行为体的能力。国家的运行能力大多建立在它们有效应对,或型塑,或压制社会压力的能力基础之上。在这个价值基础上,我们必定偏好于政府反映,甚或塑造社会价值,但纯粹的效能压制被证明能成功提升政权的治理能力。

某些情况中涉及的政治因素是政府有意识选择的。比如,英国有关民营化和代理人化(agentification)的决策,实际上是对强大的国家能力的有意识拒绝。而有些情况下,政治精英选择(或增强)了提升国家治理能力的途径。在这方面美国可能是最有意思的,因为其提升国家能力的决策是在没有明确考虑后果的情况下被做出的;更确切地说,它们的产生是为了应对国际环境、或应对国内深层社会分化。假如对中央集权国家作用的兴起有更为明确的理解,则其所做的决策或将大为不同。

国内的政治动员也可能影响国家的有效治理能力。在"亚洲小虎"国家,高水平政治动员的缺失是这些政府对社会实施严酷政策(Draconian policies)的一个主要因素。而在其他例子中,某种类型的政治动员或许实际上增强了国家能力。比如美国,在强化联邦政府对州政府和全社会的权力方面,种族团体的动员是关键。类似地,在法国与德国,代表公共服务的工会和其他组织所做的动员,倾向于阻止他们的政府将福利国家缩简至其他国家那样的水平(Pierson, 1997)。

社会因素?

这些政治因素是与对治理有着显著影响的社会现象紧密联系在一起的。

大多数发展中国家未能通过市民社会来进行治理,是因为市民社会几乎完全缺失。很多欠发达国家依然陷于国内冲突(有时是激烈冲突)之中,这大大阻碍了中间结构的发展,而国家通过他能有效地治理社会。诸如国际货币基金组织与世界银行等国际机构断定,市民社会在这些管辖区的发展是最为重要的,因此,它们近来强调以"善治"(Leftwich, 1994)策略来增加这些弱势国家的治理能力。

经济因素?

在理解变化中的国家治理能力时,经济因素不能被轻易忽视。正如我们以下将指出的,一些更为重要的经济因素是由国际环境所强加的。然而,也有一些重要的国内经济因素塑造了国家的角色。这些因素中较为重要的一项就是国内经济结构与产业组织形态。也就是说,国家在劳动力与管理、金融资源与产业之间有更多的合作互动模式[本质上是莱茵模式(Rhineland capitalism)],比起更为自由的大西洋模式的经济关系,它似乎更能成功地适应社会—经济的变革。

另一个国内经济因素——虽然与国际环境密切相关——是依赖于初级经济的经济依存度。这种依赖关系产生了一种用以理解欠发达国家的经济与政治发展不充分的重要模式(Frank, 1971)。正如以牺牲其他部门为代价来强化某一经济部门,这种经济模式倾向于强化乡村的传统的地主,代价是牺牲社会中其他社会与政治力量。这反过来使这些社会长期存在着支配政治关系的庇护主义,其往往被认为阻碍着政治变革。如果庇护主义模式占主导,那么,要在任何现代形式中产生有效治理变得极其不可能。政府成了分配资助与维护权力关系的一种机制,是一种真正提供服务的有效率和高效能的方式。

国际环境

终究,我们仍须知晓国际因素在塑造国家治理能力上的作用。本书写作的重要前提在于,全球化和国际环境的日益显著削减了民族国家的力量。虽然我们已经认识到那种形势的重要性,但也已指出全球化对国家的影响既不是铁板一块也不是那么简单。的确，在某些案例中（美国与亚洲小虎——至少直到最近），与国内行为体相比，全球化实际上强化了国家的权力。此外，全球化的影响应该根据单个政策部门来观察，而不能视为一种普遍现象，因为对控制资本流动来说是真的东西，对制造业来说可能就未必如此。

国际环境的影响在对经济政策的控制上可以看得最为清楚，尤其是那些与国际金融最密切相关的政策。由此，对那些暴露于国际金融市场最多的国家来说可能缺少能力去控制环境对其自身经济的影响。即使对具有大型国际贸易与金融部门的较富裕国家来说也是如此。这些国家以往利用多样化的机制（比如统合主义等）控制它们的国内经济（Cameron，1978）。然而，更强的全球性竞争或许不会允许让无效率留存于统合主义体系之中。

而且，相对于那些国际集体性的权力，国际制度在各种政策领域中不断增加的重要性，可能降低了国内政策考虑的重要性。甚至对那些我们认为仍然保持强势，或是获得更大能力来行使权力的国家，国际环境对它们的行为有着大量实质性影响。世界贸易组织与其他国际组织对经济成功具有重大影响，而其他国际制度则影响健康、环境与其他政策领域的决策（Rittberger，1993）。对"亚洲小虎"来讲，人权与民主化领域正在出现的一种制度，开始冲击它们自主行动的能力，这是过去在国内政治中所拥有的。总之，一种政权无论看上去如何独立自主和自给自足，来自国家外部的政策影响几乎不可避免。

总结

如果我们审视国家的治理能力，我们发现，对于政权的相对成功或失败，几乎没有简单的解释。有一些证据支持政治、经济与国际因素；也有一些证据反驳这每一种支持性因素。所以，最后的结论必然是，一个政治体系的治理能力是国家本身的内在结构，以及国家的经济、政治与国际环境等一系列复杂关系的产物。没有单一模型，比如主张全球化破坏了国家的治理能力的模型，可以恰当地处理实际存在于治理领域中的复杂关系。

第 9 章 | 结论:重新思考国家与治理

目前为止,我们已经讨论了国家转型背景下的治理,以及思考国家力量与国家治理能力的备选方案。我们主要根据三个不同剧本来开展这项探究:向次国家行为体与制度体系分权、跨国治理结构的兴起,以及寻求地方性的社群治理体系(据称与政治无关)。这种探究始于一种假设,即思考治理的最优方式是以国家为出发点,接着去理解国家主导的单一模式发生了何种改变。

不过我们必须谨慎,不能把这些不同的治理模式的兴起跟民族国家所面临的挑战类型的变化相混淆。虽然我们相信在治理的替代结构(或体系)与政治问题的界定之间存在着某种程度的对应,但这种关联远不能自证其明。而且,跨国甚至跨政策领域的任何对应都远不一致。我们也需要讨论,不同的国家环境如何以及为何为各种治理模式提供了不同的选择或发展。

我们将用本结论章大部分篇幅,通过不同的国家和政策领域来解决这些差异性和比较性的问题。然而首先,我们需要对一些从这个观点分析产生的有关国家力量与国家发展的主要观察做一个简短的总结。

从治理视角重新定义国家

这种做法的一个目的是推进一种以国家为中心的治理图景。我们已经探讨了选择这个视角的理由,即国家在调控社会方面仍举足轻重,而且,以国家为中心的政府与社会图景是最佳标杆,据此我们可以评估迈向治理备选形式的发展结果。

可即便在此视角下,显然我们需要反思国家的概念化和国家力量的来源。

也许比其他都重要的是,考察当代国家与其遵循的政策和策略,以及它们在这方面的运作模式(*modus operandi*),显示出国家力量已具有情境化和企业家精神,而不是如同之前的案例那样源自国家制度的宪法与法律力量。

反过来,这个观察促使我们提出这样的问题:我们如何能从治理视角描述国家—社会关系?作为新的国家运作模式的一个结果,这种关系产生了怎样的变化?

从正式权力到政治能力

治理模式的出现意味着国家对强制性政策工具的依赖变少,而开始依靠精妙的技巧将其意志加诸(或传达给)其周围的社会(Woodside, 1998)。以我们正在检验的国家的政策环境部分为基础,这一发展有些许不同的解释。在它们自身的政治制度体系之中,国家已不大能够对次国家政府进行有效的控制。分类财政补贴的使用愈发普遍,大幅度的分权化正在横扫整个西方世界。仅与十年前相比,国家在细节上控制地方与区域性政府的需求显著降低,或许它认为自身并不太能实施严密的管控(参见 Posner, 1998)。这种情况的部分原因在于整个西方世界的政治设计的整体性质已经发生了变化,即由国家主导新项目的扩张与实施转变为管理满意度问题,以及管理预算问题。国家也日益表现出愿意接受和利用在次国家政府内演化出的专业知识与专业主义。

我们甚至可以发现更深刻的变革就在国家与私人资本的关系中。当前大部分西方世界的制度强调要放松对私人企业与金融市场的管制。关于民选官员心境的变化,有一个稍微有些夸张的解释:有人说,二十年前,这些民选官员主要关心私营企业应该如何服务于政治计划,然而在21世纪之交,他们关切的焦点转向计划的设计应如何尽可能不打扰并帮助私人部门。全球化往往被认为有效地剥夺了国家对私有资本的强制权力,尽管有人认为这是国家自顾自提出的荒诞言论,是对其不再过于强势的干预经济的一种托词(Weiss, 1998)。

国家也重构了其制度,建立了代理机构、半官方机构与其他的制度化形式,它们的运转与政治精英的控制保持着相当的距离。有一种普遍的观念认为，政策与运行是应该分开的；管理者应被赋予相当的裁量权，以便能够尽量高效地生产与提供公共服务，同时，在公共部门的特性与等级问责制的必要性方面，摒弃过去的强烈观念，以确保良好的绩效(Aucoin, 1999)。

有两种大不相同的方式来思考这些变革与发展。一种理解方式认为，我们正在见证的是一系列渐进的或独立的变革，当国家衰退时它们便汇集到了一起。国家结构日益屈从于企业部门；前者已不大能够控制次国家政府，并且它们的政策在很大程度上旨在解除其以前的权力来源，以便允许私人部门夺回对经济的排他性控制，进而推动经济增长。虽然"大政府"的全盛时期的确已一去不复返，但我们不必劳神费力就能发现，国家作为治理的核心依然在经济、国际关系与国内政治和政策的诸多领域起决定性作用。

为当前的著述者所支持的另一个有竞争力的解释是，在经济全球化和次国家制度动力不断增强的时代，为了维持作为追求集体利益的一种切实可行的手段，国家正在不断进行重构。当然，情况是，国家日益依靠相当精妙的政策工具来与社会进行交换，但是，与更具强制性技术的调控相比，这种做法并不必然意味着更低效率。出于同样的原因，企业界的确正在日新月异地更为全球化，但是，从市场取向来看，数量惊人的私人公司依然是"国内的"。正如赫斯特(Hirst)和汤普森(Thompson)在讨论企业的重新定位与国际化时所指出的，重要的问题不在于为什么有1/10的公司选择要这么做，而在于为什么有9/10的公司选择不这么做(Hirst & Thompson, 1996)。

最重要的是，国家作为民主的、负责任的治理来源，我们看不到任何与其匹敌的对手(March & Olsen, 1995)。虽然当代政治对国家如何不断增强治理而非"统治"的运作提供了大量实例，但很难想像一个不提供制度化问责体系的治理系统如何能够经久不衰(Boston, 1999; Rhodes, 1997; Thomas, 1998)。可以看出，新公共管理哲学的倡导者所面临的一个主要问题是如何明确界定一个强健的问责系统。1995年的洞溪(Cave Creek)意外事件，观景台倒塌造成14名学生死亡，同年，怀特岛监狱(an Isle of Wight prison)的几名被高度警戒的犯人越狱，对于谁来为市场导向的公共服务供给体系负责这个问题，两起事件凸显了极大的复杂性(Gregory，1998；Polidano，1999)。

国家权力正在逐渐由“掌控权力”转变为“赋予权力”(参见Stone，1989)。这种观点强调公私齐心协力、跨公私边界的共享与集聚资源、合作而非对抗的政策战略与工具、有清晰管辖权界限的宽松制度关系、国家与公民社会在生产与提供服务上的制度化联系，以及表明公共机构“多组织化”性质的制度性适应。需要注意的是，对于替代性视角与政府模式所固有的那些问题，这些发展无法提供普遍适用的、一劳永逸的解决方法。例如，上述国家的逐步转型可能带来一种潜在的责任制问题，在一些方面近似于新公共管理改革所引发的问题：即它使民选的可问责的行为体和机构依赖于不可问责的行为体来执行公共政策。然而，“衰退”与“转型”观点之间的重大差异在于，“国家衰退”理论几乎不能提出关于政府、治理，以及(当然还有)民主的未来，而“转型”观点则勾勒了改革国家的轮廓，这种改革是由可问责的行为体做出的政治选择来引导的。这显然不是意料之中的见解，即重申前述观点，我们认为国家仍然是社会中最强大的结构，那种认为国家不能通过自身的转型来处理20世纪90年代与21世纪头十年初期的政治与经济情况的想法，是错误的。

虽然对社会中的其他资源与能力有明显的权变，但这种关于当前国家内部及其与外部环境交换的观点，仍将国家描述为治理的中心。促使国家在这些往来中处于同侪之首(*primus inter pares*)的是，它是治理过程中唯一可以正当地声称拥有政治和法律授权的行为体。而且，这种国家视角更多地聚焦于国家的政治能力，而不是其正式权力。在最终的分析中，国家影响力与其政治能力的最好证明，并不在于它本身能否在社会中实现其所期望的变革，而在于它是否能从根本上做到实现这些目标所需要的资源的汇集和联盟的形成。

国家力量的悖论

将这些观点再向前推进一步，我们传统上视为强势国家的制度性特征——抗外界干扰的制度和强有力的政治中心等——似乎在某些方面不利于更广泛的以国家引导为特征的社会交换。类似地，很多我们通常认为是弱国家基本特征的东西——制度的碎片化与分权的制度结构等——显得比强国家能更好地适应协同治理,因为它们与外部环境有更多发展得很好的接触点。看起来,治理理论颠覆了我们对于国家力量的很多传统观点。

我们认为,这些明显的悖论可以由很多文献中似乎略显误导或混淆的国家力量概念来解释。我们对地方机构力量的思考方式与对国家制度力量的意象所进行的比较,意味着我们应当如何重新反思对国家力量的定义。传统上,国家力量是其制度的法律能力的产物。强国家不被地方所施压,而有能力向社会强加它们的决策;并且它们能针对社会的不同阶层执行区别化的政策与项目。治理的引入赋予这些概念以些许新的含义,即强国家是那些能够为各种公私合作项目进行协调并设定优先次序的国家。因此,法律的与宪法的权力正在逐渐被企业家技能、政治热情与掮客能力等所取代。这是很长时间以来被比较政治经济学文献不断推向前进的国家观点(Gamble, 2000; Gourevitch, 1986; Katzenstein, 1978; Krasner, 1984)。

当前在关于迈向治理的发展(作为传统政府的替代)的辩论中存在着另一个悖论,即在不同制度层次上和在不同的制度层次之间通过不同形式的治理来追求集体利益时,需要一个强大的核心。因而,政府和治理并不是完全的对立面,因为,除非治理在相当程度上发展为代议制结构,以及用制度手段将这些偏好转化为政治与行政行动,否则治理永远无法成功,或永远无法对民众的政治偏好予以精准解释。只有国家能够扮演这些角色,也只有国家才能够给治理以手段、目标与方向。但是为了能够这么做,国家必须进行转型并重新思考它的表现,放松政治与行政的严格控制,并减少使用强制性工具。国家的权威终究是由社会而非国家自身所建构的,而要维护这一权威,国家必须展示出它能够恰当地处理当前问题。西方国家近来的很多变化可以被视为旨在实现国家现代化的庞大计划。

因此,新治理主要事关对变革的管理和回应。20 世纪 90 年代,社会与经济已发生了实质性的变化,同样,在结构设计、资源基础、决策者与官僚间的互动等方面,国家内部已发生了实质性的变化。本书早前所讨论的传统政府模型反映了一种国家与社会间的均衡类型;新治理的出现可以被视为是迈向新均衡的一种发展。

因此,在重新思考国家的结构性安排的同时,我们也需要思考国家—社会关系的替代模式。迈向治理要以在许多方面减少公私区别的重要性为前提,无论我们将治理理解为网络(Rhodes, 1997),还是或多或少临时凑合的公私合作形式。整体上强调的是政治机构与其环境之间更为密切、更有连续性以及更加非正式的接触。这种国家—社会关系的模式对一些政治文化来说是非常熟悉的,因为我们只须考虑欧洲较小的工业化民主国家,诸如荷兰、奥地利与北欧国家。对于像美国这样,将社会公私领域间区分得较为明确的国家文化,要发展出这些接触点可能更为困难。可即便在这些国家,特别是在地方层面上,各种形式的公私部门联合项目已经有很长的历史(比如参见 Beauregard, 1998; Stone, 1989)。

迈向嵌入式自治?

嵌入式自治的观点是彼得·伊文思在他那一流的关于高速增长经济体的政治经济学研究中提出来的(Evans, 1995)。简单地说,伊文思的观点是:这些国家表现出自主性与嵌入性的一种有趣混合,这使得它们在推动经济发展上扮演重要角色;这些国家足够自主而能够执行有效的产业政策与宏观经济政策,但同时也充分地嵌入社会之中,使它们能够在自身与关键社会行为体之间发展广泛的联系。

国家自主性与嵌入性,在国家与私人资本在社会中的适当角色是什么,以及它们应当如何互动等问题上,都反映出根深蒂固的文化观点与价值,因此不会被轻易操控。而且,大部分大企业越来越多地在国际市场中运转并且留给国内政治机构接近的机会越来越少,当然也不太需要国内的政治行动。企业行为体只有看到了激励措施才会加入国家主导的治理,部分原因在于较大的企业持续地参与其他形式的治理中,比如,比起与政治机构维持伙伴关系,“公司治理”(corporate governance)可能在战略上更为重要(O'Brien, 1994; Rhodes, 1997; Williamson, 1996)。我们因而不应该期待国家与大企业间的关系会有任何重大改变。然而,在大部分国家,尽管这些大企业在出口创汇与就业问题上对国家来说显然很重要，但这种企业也只占所有企业中的极小一部分而已。对于数量庞大的中小企业来说，参与到与政治机构各种形式的协同计划中来的动力，应该是更为真实地存在着的。

治理的权变性

我们早已提到，治理的存在必然会产生国家与周遭社会中资源丰富的行为体之间重要的政治与制度权变。这样的权变管理在很大程度上是以两组因素为基础的。一是国家所追求的主流治理类型。治理类型既包括杰里米·理查德森(Jeremy Richardson)及其同事所提出的“政策类型”(Richardson, 1982)，也包括国家政策赢得社会支持的过程。不同国家体系展现出极为不同的治理类型，因此在管理治理权变时所采取的策略也会有所不同。

另一组有助于定义管理权变治理的因素是政府处理特定政策问题的性质。以国家功能、社会因素或政治目标来界定的问题——用一种粗略的分类——对于国家为了解决问题而怎样去联系社会，并因此被迫去管理何种权变，指出了不同的方向(参见 Peters, 1998b)。特别是，这种定义或许有助于解释国家使其政策活动免受直接的政治牵连的干扰的能力。

现在让我们更加仔细地审视治理类型的概念以及不同类型的政策问题。

治理类型

长久以来，研究文献特别重视治理的各种选择问题，尽管那些讨论本身并未在治理的范畴内。这里产生的一个根本性问题是在治理社会的过程中市场的相对优势和相对重要性。这场辩论至少可追溯至达尔和林德布洛姆(Dahl & Lindblom, 1953)的开创性工作，也可见诸林德布洛姆后期关于市场的著作(Lindblom, 1977)。在欧洲情境中，甚至更早的熊彼特的著作，以及所谓奥地利学派更晚近的著作，都比较了国家与市场的治理能力。

这种辩论某种程度上是意识形态的，某种程度则是经验性的。辩论的意识形态一方辩称，市场因为有能力用有效的方式来分配资源，以及对个体而言有能力将其自由最大化,因而经常被人们所赞许(如果在一种理想形式中)。相反,等级制则被指责为笨拙的、无效率的,人们谴责这种制度取代了有利于市场效率的好政策。辩论的另一方则称市场产生了大量的不平等,并在追求狭隘的效率时忽视了有关社会需求的议题(Self, 1993)。很多对市场分配的批判认为,等级制度(通常是以官僚制形式)并不比他们支持的市场更具效率,但却显现出一种必要的恶来克服不受管制的市场所产生的不平等。

正在兴起的市场与等级制的共同替代物是网络(Jacques, 1990; Kooiman, 1993)。根据这个观点,群体与个人间或多或少自动形成的关系可以替换市场与等级制度的弱点。我们已经指出,网络作为分配机制,有其自身的弱点与不足;但是,虽然它们不是解决治理中的问题的特效药,认识到它们的存在是重要的。特别是,网络可以提升市场对于非严格意义上的经济标准的利用能力,同时,网络的存在使得等级制也会允许更多的参与。

构成治理的权变路径的一个要素,是治理团体(不论是否为民族国家)试图影响政策和控制结果的类型。几乎没有国家能仅以其中一种方式为特征,在某种程度上所有方式都是同时被采用的。尽管如此,当考察特定国家的案例时,我们可以辨认出一些主流的选择。

我们看到的第一种方式是,国家领导了决策,并正在主张(或重申)它作为治理过程中的一个重要行为体的地位。我们已经说明过,即使面对全球化、区域化与日益被作为治理机制使用的网络化,有些国家在治理中确立其核心地位仍是非常成功的。那种重申或许不那么令人惊讶,这些国家中几乎没有(甚至在诸如英国这样的国家)对政策具有实质性力量与集权管理的历史。可以看出,许多国家要么愿意放弃一些对控制权的野心,要么只能接受在更宏大的社会—经济过程中看起来不可避免的结果。

其他策略以各种不同方式来分散控制权为基础。控制权在一些情况中,被向上或向下分权给其他类型的政府。这种模式或许在欧洲最为明显,欧盟与区域政府的权力日益增强,对国家自身的治理能力形成了挤压,并产生了一种多层次治理模式(Marks et al., 1996)。在大量案例中,政策控制也被向外分权给各类私人部门行为体。这种做法可以通过私人部门企业,或通过利益集团网络，或给予非营利性组织的“第三部门”进行(Salamon，1981)。然而，在这些案例中，清楚地发生着的是，尽管政府通常愿意这么做，但它们的确正在丧失控制权与治理能力。

政策问题

最后，我们需要通过治理过程来审视，为解决方案界定政策问题的方式。当前有大量文献论及政策“框架”(framing)在为解决后续社会问题而设定参照系方面的重要性(Schon & Rein，1994；Dery，1996)。这里的基本要点是，为了能解决问题，问题必须被界定，进而，问题的定义的性质将决定所要耗费资源的性质。

在这项特定的分析中，我们将聚焦三种不同问题的界定。第一种是通过政府的作用或活动来界定问题。这是管制的问题？或是提供补贴的问题？还是其他什么问题？这些功能性定义倾向于强调政府所支配的工具的性质(Peters & Van Nispen，1998)，以及政府部门与机构的正式结构。这也表明框架规定：组织为需要用以解决问题的资源，也为问题负责。

问题或许也可以用社会要素来界定，诸如目标群体，或产生社会变革的动员力量等(Ingram & Schneider，1991)。基于社会要素的定义所强调的并不是政府本身的结构，而是社会性质和公私部门在塑造和解决问题过程中的关系。最后，问题也可以由政治目标来界定。也就是说，是何种原因使政治资本与实际资源被投入一个可能的解决问题的方案之中？这样做将如何改善社会？或者，什么样的政治力量将会被安抚？这些目标是能够达成的吗？或者，政策是否只是一种粉饰，用以避免其他类型的政治动员及更为根本性的社会变革？

联结治理类型与问题

我们现在可以联结起三种不同的治理类型与三种不同模式的政策问题。这个分析将产生九种不同的(预计)政策结果，每一种类别的内部权变性都具有不同的特征。故而，虽然我们可以对于这些要素的联系做出一些宽泛的概括，但每一种类别仍有显著不同。

表 9.1　政策类型与问题界定的类别:可信的政策结果

政策类型	问题界定		
	以功能界定	以社会要素界定	以政治目标界定
国家主导,重申	调控	再分配	干预
向下分权	动员	多元化	参与
向外分权	市场化	企业家精神	效率

在国家主导的治理类型中,以核心政府功能来界定的问题,在分类体系中产生的政策特征往往是最有特色的国家主导的社会与经济调控。在很多方面,这是与传统"政府"概念最为接近的治理形式。但此类调控与管控已异于以往,因为其调控的目标不论是私人企业、次国家政府还是选区,看上去都较少依赖于国家,也因此更不易控制。确实,国家可以对雇佣企业使用管制型政策工具以确保服从,但举例来说,对于更大型的企业施行这类策略,在全球化经济中可能适得其反。此类管制可能刺激这些行为体搬迁到经济更少敌意的环境中去。

国家主导的治理在解决由社会因素界定的问题时,通常包括一些再分配目标。国家仍然是再分配政策恰当的制度层次,因为它有能力通过赋税与管制将支出加诸任何或所有社会部门。这里关键的权变是再分配博弈中与失败者的关系,因为过去几十年见证了整个西方世界再分配体制下急剧飙升的选举不满(Kaase & Newton, 1996)。同样,人们认为私人投资的全球竞争力有时阻止了再分配,因为其在税收水平上(据称)会吓跑专业人士与熟练劳动力。

所以,国家主导的治理基本上是一种干预性与强制性的治理类型。这种治理类型受政治目标驱使被设计出来,是为了给干预主义政策提供相应的工具。作为一种治理策略的干预主义与传统左翼政治相关,这在20世纪末已不为多见。"吓跑"善变的投资资本这个概念已经成为反对这类政策的标准论证,与此同时,讽刺的是,有越来越多的观察家——包括顶级市场人士索罗斯等——感叹货币与资本市场被放松管制后所展现的发展。而且,当政府从健康或贫困等政策领域退出时,保留这种类型或许是对所引起的社会问题的一种回应。

宽泛地说，从功能上来界定的"向下分权"治理类型可以称得上适用于促进资源动员的问题。在很多国家，较低层级的政府有着较大的合法性，利用次国家政府的能力来帮助国家提供公共政策（服务），成为一种战略（Nye et al., 1997）。在某种程度上，此战略一方面会引起政策一致性与协调性之间的折中或权衡，另一方面也使得资源动员成为必需。为了利用更广泛的资源基础，扩散政策能力使中央无法控制更多的资金。

将同样的治理类型应用于以社会要素界定的问题时，便产生了多样性，及由此而来的公共服务上更好的"客户和谐"（customer attuning），这正是地方政府与地方自治中一个传统的规范性基础。此外，这种类型可能在解决一些问题的同时又制造了其他一些问题。对国家制度而言，这是个有战略吸引力的选择，吸引力的程度几乎取决于哪个政策部门正在被考虑，以及国家协同作为该部门的目标有多重要。

向下分权促进参与，这种参与是另一项传统核心价值，与地方政府相关（Hill, 1974）。虽然降低政治参与层次在很多西方国家已成为一个普遍问题，但都市政治中的高层次参与常常挑战市政府与企业部门精英间的非正式结盟（Swanstrom, 1985）。故而，不同政策目标之间存在另一种复杂交易，这必须由国家来处理；那些可能成为都市治理的重要工具的东西，会妨碍国家的顶层政策目标。

第三种治理类型——将权威"向外"分给机关和类似机构，它们在运作上与政治核心保持一定距离的——当运用于以功能界定的政策问题时，就产生了"市场化"。这正是这种治理类型的目的，他在这些方面它相当接近于新公共管理类型的组织设计与管理哲学（Pollitt, 1990; Self, 1993）。只有市场中的"客户"需要时，公共服务才应被提供。这在许多方面都是审视公共服务供给的一种诱人方法。然而，仔细探查一番，"市场化"和将公民转变为"客户"的想法，对于公民身份的观念以及公民身份所描述的国家与个人之间的关系，具有潜在的严重影响（Pierre, 1995a）。

将社会上产生的问题向外分权，可以说激发了个人的企业家精神。这里的基本理念是，很多社会问题有他们的根源与起因，这广泛依赖于公共服务供给与分配计划。提升与私人企业与企业家精神相关的价值成为一个重要目标，就像 20 世纪 80 年代英国与美国的意识形态转向时所显示的那样。这种发展可能表现为一种相当直接的国家战略，即，降低社会中的责任与支出。这十年间产生的不平等的加剧，无论是否是其他国家仿效的好案例，那都是一种规范性评价（参见 Fawcett，1998）。

最后，向外分权的治理类型运用在政治目标上，这被认为可以提升公共部门的效率。人们认为如果公共部门组织运作时能有更大自主性，它们就比被政治管理绑定时更有效率。但达到效率不是没有成本，因为如果没有核心价值与标准上的妥协，具有强大法律传统的行政文化是很难提高效率的。

故而，“向下分权”与“向外分权”的治理类型某种程度上引起了价值转变，而且如果没有强大的核心（即国家）领导并使该过程合法化，这种转变如何能够推行是难以想像的。这或许是建设此类治理类型的转型阶段，也因此是短期问题；但即便如此，最关键的是这类改革的第一步。

迈向一个研究议程

正如讨论当代社会中正在兴起的治理模式那样，本书讨论了很多治理文献的特点。曾经讲到，为了能够更完整地理解治理，理解在一个更加全球化与网络化环境中的国家的调控能力，仍有大量研究需要推进。下面是治理研究仍将面临的挑战的部分清单。

在不同国家环境与不同政策部门中的治理

早先我们指出，不同的国家环境常常显现出（或至少是偏好）不同的治理类型。以比较的视角来审视这些议题是必要的。比如我们需要更多地了解，在何种程度上一些类型的国家——单一制还是联邦制、集权化还是分权化、小型还是大型、发展中的还是发达的，等等——会倾向于寻求去执行哪一种特定的治理模式。也可能是，不同的治理类型或治理模式是特定的政策部门所特有的。此外，这只能用以开展跨国研究，虽然主要的变量可能是政策部门而非国家

(Freeman, 1985)。

治理失败

治理失败的本体论方面是错综复杂的。我们如何去发现与观察那些让希望落空的事情?我们对治理抱有怎样的期望,以让我们说明它并未出现在特定情境中?考虑此议题的另一种方式或许指出了,有效的治理会以某些清晰的方式来证明自己,且这类指标的缺失应当为我们提供某种线索去找到治理失败的案例。比如,经济发展相对欠佳的城市可能被认为在发展与维持有效治理上业已失败。类似地,比起类似的经济体,人们可能会认为那些经济增长滞后的国家,其政府在将目标传达给社会时遭遇到了困难。

治理与冲突管理

我们应该也还记得,治理并不是像有时它所表现出的那样令人舒适合意。治理在相当大程度上关系到目标界定与政治决定上的优先次序,同时,没什么理由以期在治理视角下的决策会比传统政府视角中的决策争议更少。如同韦弗与洛克曼(Weaver & Rockman, 1993: 468)所认为的:"政府管理冲突的能力必须以其调控与指导变革的能力来衡量。"

正如有时在网络分析中所看到的情形,研究治理本质上意味着观察正在进行的事情。如前述所论,治理失败难以观察,是因为只能通过观察它的影响结果来开展研究,而非观察现象本身(但是参见 Bovens & t'Hart, 1996; Gray, 1998; Sieber, 1981)。如果一个政党参与到志愿性的、协力合作的计划中,却发现人们并不同意该项计划的目标或策略,那么,考虑到计划的非正式性,应对局面而非争论通常是处理局面的一个更为平顺的方式。运用赫希曼的概念化框架,治理中的冲突因此往往更可能导致"退出"而非"发声"(Hirschman, 1970)。

展望

这是一本那种在尾声提出问题多于回答问题的著作。就在写作之时,有关治理的研究正如火如荼,而这里所勾勒的研究议程,仅仅是在我们非常有限的知识背景中提出的一些主题。其中最复杂的问题之一,是在制度安排、行政改革、政策工具、政府间关系、与跨国组织的关系、利益集团的包容性,以及经济发展战略等方面(这些只是研究问题的很少一些例子)所作的选择等方面,迈向新治理的发展对于国家而言实际上意味着什么?

上述这些问题都是以国家为中心的。本书站在由国家向外展望的视角,已将大部分注意力花在"新治理"上;而我们现在需要修正视角,并关注这些新治理形式的出现对国家造成的内部影响。我们认为,对于政治科学家而言,大部分重要的研究问题都在这里。然而,这并不是说只有这些才是治理体系中有意义的研究问题。我们相信,领导力与社会协同可能越来越以多种不同的治理形式为特征;这个领域为丰富的研究视角敞开,人们也需要以那些研究为基础,进而形成更为有效的治理方式。

参考文献

Adshead, M. and B. Quinn (1998) 'The Move from Government to Governance: Irish Development Policy's Paradigm Shift', *Policy and Politics*, 26:209–25.

Albert, M. (1993) *Capitalism Against Capitalism* (London: Whurr).

Allen, G. C. (1981) *The Japanese Economy* (New York: St Martin's Press).

Anton, T. J. (1980) *Moving Money: An Empirical Examination of Federal Expenditure Patterns* (Cambridge, Mass: Oelgeschlager, Gunn & Hain).

Ashford, D. E. (1982) *Policy and Politics in France: Living With Uncertainty* (Philadelphia, Pa: Temple University Press).

Atkinson, M. M. and W. D. Coleman (1989), 'Strong States and Weak States: Sectoral Policy Networks in Advanced Capitalist Economies', *British Journal of Political Science*, 19:47–68.

Aucoin, P. (1996) *The New Public Management: Canada in Comparative Perspective* (Montreal: Institute for Research on Public Policy).

Aucoin, P. (1999), 'Accountability In Public Services: Making Performance Count', in B. G. Peters and D. J. Savoie (eds), *Revitalizing the Public Service* (Montreal: McGill/Queens University Press).

Bachrach, P. and Baratz, M. S. (1964) 'Decisions and Non-Decisions: An Analytical Framework', *American Political Science Review*, 57:632–42.

Barber, B. (1984) *Strong Democracy* (Berkeley: University of California Press).

Barker, A. (1995) *The Public Enquiry of British Policy Making* (unpublished paper, Department of Government, University of Essex).

Bay, C. (1958) *The Structure of Freedom* (Stanford, Calif: Stanford University Press).

Beauregard, R. A. (1998) 'Public–Private Partnerships as Historical Chameleons: The Case of the United States', in J. Pierre (ed.), *Partnerships in Urban Governance: European and American Experience* (London: Macmillan), 52–70.

Beauregard, R. A. and J. Pierre (1998) 'Disputing the Global: The Other Side of International Initiatives' unpublished manuscript, Milano Graduate School of Management and Urban Policy, New School for Social Research, New York City.

Bell, D. (1976) *The Coming of Post-Industrial Society: A Venture in Social Forecasting* 2nd edn (Harmondsworth: Penguin)

Bell, D. (1987) 'The World and the United States in 2013', *Daedalus*, 116:1–31.

Bell, D. (1993) *Communitarianism and its Critics* (Oxford: Oxford University Press).

Berki, R. N and J. Hayward (1979) 'The State of European Society', in J. E. S. Hayward and R. N. Berki (eds), *State and Society in Contemporary Europe* (Oxford: Martin Robertson), 253–64.

Bessette, J. R. (1994) *The Mild Voice of Reason* (Chicago, Ill.: University of Chicago Press).

Betcherman, G. (1996) 'Globalization, Labour Markets and Public Policy', in R. Boyer and D. Drache (eds), *States Against Markets* (London and New York: Routledge), 250–69.

Birch, A. H. (1982) 'Overload, Ungovernability and Delegitimation: The Theories and the British Case', *British Journal of Political Science*, 14:135–60.

Boston, J. (1999) 'Organizing for Service Delivery: Criteria and Opportunities', in B. G. Peters and D. J. Savoie (eds), *Revitalizing the Public Service* (Montreal: McGill/Queens University Press).

Boston, J., J. Martin, J. Pallot and P. Walsh (1996) *Public Management: The New Zealand Model* (Auckland: Oxford University Press).

Bovens, M. A. P. and P. t'Hart (1996) *Policy Fiascos* (New Brunswick, NJ: Transaction).

Boyer, R. and D. Drache (eds) (1996) *States Against Markets: The Limits of Globalization* (London and New York: Routledge).

Brenner, Y. S. (1991) *The Rise and Fall of Capitalism* (Aldershot: Edward Elgar).

Brittain, S. (1975) 'The Economic Contradictions of Democracy', *British Journal of Political Science*, 5, 129–60.

Budge, I. (1997) *The New Challenge of Direct Democracy* (Oxford: Polity Press).

Callaghy, T. M. (1984) *The State–Society Struggle: Zaire in Comparative Perspective* (New York: Columbia University Press).

Cameron, D. R. (1978) 'The Expansion of the Political Economy: A Comparative Analysis', *American Political Science Review*, 72:1243–61.

Camilleri, J. A. and J. Falk (1992) *The End of Sovereignty* (Aldershot: Edward Elgar).

Campbell, J. L., J. R. Hollingsworth and L. N. Lindberg (eds) (1991) *Governance of the American Economy* (Cambridge and New York: Cambridge University Press).

Cargill, T. F., M. M. Hutchison and T. Ito (1997) *The Political Economy of Japanese Monetary Policy* (Cambridge, Mass: MIT Press).

Cawson, A. (1986) *Corporatism and Political Theory* (Oxford: Basil Blackwell).

Christensen, J. Grönnegård (1997) 'The Scandinavian Welfare State: The Institutions of Growth, Governance, and Reform. Review article', *Scandinavian Political Studies*, 20:367–86.

Clarke, J. and J. Newman (1997) *The Managerial State* (London and Thousand Oaks, Calif: Sage).

Cohen, M. D., J. G. March and J. P. Olsen (1972) 'A Garbage Can Model of Organizational Choice', *Administrative Science Quarterly*, 17:1–25.

Cohen, S. S. (1977) *Modern Capitalist Planning: The French Model* (Berkeley and London: University of California Press).

Collier, R. B. and D. Collier (1991) *Shaping the Political Arena: Critical Junctures, the Labor Movement and Regime Dynamics in Latin America* (Princeton: Princeton University Press).

Conlan, T. (1998) *From New Federalism to Devolution: Twenty-Five Years of Intergovernmental Reform* (Washington, DC: The Brookings Institution).

Crozier, M., S. Huntington, and J. Watanuki (1975) *The Crisis of Democracy* (New York: New York University Press).

Dahl, R. A. (1961) *Who Governs? Democracy and Power in an American City* (New Haven, Conn: Yale University Press).
Dahl, R. A. and C. E. Lindblom (1953) *Politics, Economics and Welfare* (New York: Harper & Row).
Dalton, R. J. (1996) *Citizen Politics in Western Democracies*, 2nd edn (Chatham, NJ: Chatham House).
Damgaard, E., P. Gerlich and J. J. Richardson (eds) (1989) *The Politics of Economic Crisis* (Aldershot: Avebury).
De Leon, P. (1997) *Democracy and the Policy Sciences* (Albany, NY: State University of New York Press).
Demers, M. (1998) *Government and Governance* (Ottawa: Canadian Centre for Management Development).
Derlien, H.-U. (1995) 'Public Administration in Germany: Political and Societal Relations', in J. Pierre (ed.), *Bureaucracy in the Modern State* (Aldershot: Edward Elgar), 64–91.
Derlien, H.-U. and B. G. Peters (1997) *Who Works for Government and What Do They Do?* (Bamberg: Lehrstuhl für Verwaltungswissenschaft, University of Bamberg).
DeSario, J. and S. Langton (1987) *Citizen Participation in Public Decision-Making* (New York: Greenwood Press).
Deutsch, K. (1963), *The Nerves of Government* (New York: Free Press).
Diehl, P. F. (ed.) (1997) *The Politics of Global Governance: International Organizations in an Interdependent World* (Boulder, Colo and London: Lynne Rienner).
DiIulio, J. J. (1994) *Deregulating Government* (Washington, DC: The Brookings Institution).
Dolowitz, D. and D. Marsh (1997) 'Who Learns What from Whom?: A Review of the Policy Transfer Literature', *Political Studies*, 44, 343–57.
Dowding, K. (1995) 'Model or Metaphor: A Critical Review of the Policy Networks Approach', *Political Studies*, 43:136–58.
Dowding, K. and D. S. King (1995) *Preferences, Institutions and Rational Choice* (Oxford: Clarendon Press).
Downs, A. (1958) *An Economic Theory of Democracy* (New York: Harper & Row).
Downs, A. (1967) *Inside Bureaucracy* (Boston, Mass.: Little, Brown).
Downs, G. W. and P. D. Larkey (1986) *The Search for Government Efficiency: From Hubris to Helplessness* (Phildelphia: Temple University Press).
Dror, Y. (1986) *Policymaking Under Adversity* (New Brunswick, NJ: Transaction).
Dunleavy, P. (1989) 'The United Kingdom: Paradoxes of Ungrounded Statism', in F. G. Castles (ed.), *The Comparative History of Public Policy* (Cambridge: Polity Press), 242–91.
Dyson, K. (1980) *State Traditions in Western Europe* (Oxford: Polity Press).
Easton, D. (1953) *The Political System* (New York: Knopf).
Easton, D. (1965) *A Systems Analysis of Political Life* (New York: Wiley).
Easton, D. (1979) *A Framework for Political Analysis* (Chicago, Ill.: The University of Chicago Press).
Elkin, S. L. (1987) 'Twentieth-Century Urban Regimes', *Journal of Urban Affairs*, 7:11–28.
Elvander, N. and A. Seim Elvander (1995) *Gränslös Samverkan: Fackets Svar på Företagens Internationalisering* (*Cooperation Across Borders: The Unions' Response to the Internationalization of Private Corporations*) (Stockholm: SNS Förlag).

Esping-Anderson, G. (1990) *The Three Worlds of Welfare Capitalism* (London: Polity Press).
Esping-Andersen, G. (ed.) (1996) *Welfare States in Transition: National Adaptations in Global Economies* (London: Sage).
Etzioni, A. (1995) *New Communitarian Thinking: Persons, Virtues, Institutions and Communities* (Charlottesville: University Press of Virginia).
Etzioni, A. (1998) *The Essential Communitarian Reader* (Lanham, Md.: Rowman & Littlefield).
Evans, P. (1995) *Embedded Autonomy: States and Industrial Tranformation* (Princeton, NJ: Princeton University Press).
Evans, P. (1997) 'The Eclipse of the State? Reflections on Stateness in an Era of Globalization', *World Politics*, 50:62–87.
Evans, P., D. Rueschmeyer and T. Skocpol (eds) (1985) *Bringing the State Back In* (Cambride, Mass.: Cambridge University Press).
Evans, R. and A. Harding (1997) 'Regionalisation, Regional Institutions and Economic Development', *Policy and Politics*, 25:19–30.
Fawcett, H. (1998) 'Prisoners of History: Policy Transfer, Welfare Reform and Welfare Regimes', paper presented at an SOG conference, Lady Margaret Hall, Oxford University, 10–12 July.
Fearon, J. D. (1998) 'Deliberation as Discussion', in J. Elster (ed.), *Deliberative Democracy* (Cambridge: Cambridge University Press).
Fiorina, M. P. (1996) *Divided Government*, 2nd edn (Boston, Mass.: Allyn & Bacon).
Fishkin, J. (1996) *Democracy and Deliberation* (New Haven, Conn.: Yale University Press).
Flora, P. and A. J. Heidenheimer (1981) *The Development of Welfare States in Europe and America* (New Brunswick, NJ: Transaction).
Fowler, R. B. (1991) *The Dance With Community: The Contemporary Debate in American Political Thought* (Lawrence, Kans.: University Press of Kansas).
Fowler, R. B. (1995) 'Community: Reflection on Definition', in A. Etzioni (ed.), *New Communitarian Thinking* (Charlottesville: University Press of Virginia).
Frank, A. G. (1971) *Capitalism and Underdevelopment in Latin America* (Harmondsworth: Penguin).
Freeman, G. (1985) 'National Styles and Policy Sectors: Explaining Structured Variation', *Journal of Public Policy*, 5:441–96.
Freeman, J. L. (1965) *The Political Process: Executive Bureau-Legislative Committee Relations* (New York: Random House).
Fry, E. H. (1998) *The Expanding Role of State and Local Governments in U.S. Foreign Policy Affairs* (New York: Council on Foreign Relations Press).
Fry, E. H., L. H. Radebaugh and P. Soldatos (eds) (1989) *The New International Cities Era: The Global Activities of North American Municipal Governments* (Provo, Utah: David M. Kennedy for International Studies, Brigham Young University).
Fukuyama. F. (1995) *Trust: Social Relations and the Creation of Prosperity* (London: Hamish Hamlyn).
Galbraith, J. K. (1967) *The New Industrial State* (London: Penguin).
Gamble, A. (1994) *Britain in Decline*, 4th edn (London: Macmillan).
Gamble, A. (2000) 'Economic Governance', in J. Pierre (ed.), *Debating Governance: Authority, Steering and Democracy* (Oxford and New York: Oxford University Press).

Gamble, A. and T. Payne (eds) (1996) *Regionalism and World Order* (London: Macmillan).
Garrett, G. (1995) 'Capital Mobility, Trade, and the Domestic Politics of Economic Policy', *International Organization*, 49:657–87.
Goldsmith, M. and K. Newton (1993) 'Central–Local Relationships: The Irresistible Rise of Centralized Power', *West European Politics*, 6:216–33.
Gourevitch, P. (1978) 'The Second Image Reversed', *International Organization*, 32:881–912.
Gourevitch, P. (1986) *Politics in Hard Times: Comparative Responses to International Economic Crises* (Ithaca, NY and London: Cornell University Press).
Grant, W. (1993) *The Politics of Economic Policy* (New York and London: Harvester Wheatsheaf).
Gray, P. (1998) *Policy Disasters* (London: Routledge).
Green, D. P. and I. Shapiro (1994) *Pathologies of Rational Choice Theory: A Critique of Applications in Political Science* (New Haven, Conn.: Yale University Press).
Gregory, R. B. (1998) 'A New Zealand Tragedy: Problems of Political Responsibility', *Governance*, 11:231–40.
Gurr, T. R. and D. S. King (1987) *The State and the City* (London: Macmillan and Chicago: The University of Chicago Press).
Gyimah-Boadi, E. (1996) 'Civil Society in Africa', *Journal of Democracy*, 7:118–32.
Haas, P. M. (1992) 'Introduction: Epistemic Communities and International Policy Coordination', *International Organization*, 46:1–35.
Habermas, J. (1973) *The Legitimation Problems in Late Capitalism* (Cambridge: Polity Press).
Habermas, J. (1984) *Theory of Communicative Action: Reason and Rationalization in Society* (London: Heinemann).
Hall, P. A. (1986) *Governing the Economy: The Politics of State Intervention in Britain and France* (Oxford and New York: Oxford University Press).
Halligan, J. A. (1997) 'The Paradoxes of Reform in Australia and New Zealand', paper presented at Conferences on Paradoxes of Administrative Reform, Centre for Comparative Government, Berlin, May.
Handler, J. (1996) *Down from Bureaucracy: The Ambiguity of Privatization and Empowerment* (Princeton, NJ: Princeton University Press).
Harding, A. (1998) 'Public–Private Partnerships in the UK', in J. Pierre (ed.), *Partnerships in Urban Governance: European and American Experience* (London: Macmillan), 71–92.
Heclo, H. (1974) *Modern Social Politics in Britain and Sweden* (New Haven, Conn.: Yale University Press).
Held, D. *et al.* (eds) (1983) *States and Societies* (Oxford: Basil Blackwell).
Helleiner, E. (1994) *States and the Reemergence of Global Finance* (Ithaca, NY and London: Cornell University Press).
Helleiner, E. (1996) 'Post-Globalization: Is the Financial Liberalization Likely to be Reversed?', in R. Boyer and D. Drache (eds), *States Against Markets* (London and New York: Routledge), 193–210.
Hernes, G. (ed.) (1978) *Forhandlingsökonomi og blandingsadministrasjon* (*A Negotiated Economy and a Mixed Administration*) (Oslo: Universitetsforlaget).
Hertier, A. (1998) *Ringing the Changes in Europe* (Berlin: De Gruyter).

Hibbs, D. A. (1987) *The Political Economy of Industrial Democracies* (Cambridge: Cambridge University Press).
Hill, D. (1974) *Democratic Theory and Local Government* (London: George Allen & Unwin).
Hinnfors, J. and J. Pierre (1996) 'Autonomi, Suveränitet och Ekonomisk Politik: EMU-medlemskapets Inverkan på Svenskt Politiskt Beslutsfattande' ('Autonomy, Sovereignty, and Economic Policy: The Impact of an EMU Membership on Swedish Political Decision Making'), *SOU 1996:158*, Appendix 18 (Report from a Royal Commission).
Hinnfors, J. and J. Pierre (1998) 'The Politics of Currency Crises in Sweden: Domestic Policy Choice in a Globalized Economy', *West European Politics*, 21:103–19.
Hirsch, J. (1991) 'From the Fordist to the Post-Fordist State', in B. Jessop *et al.* (eds), *The Politics of Flexibility: Restructuring State and Industry in Britain, Germany and Scandinavia* (Aldershot: Edward Elgar), 67–81.
Hirschman, A. O. (1970) *Exit, Voice and Loyalty* (Cambridge, Mass.: Harvard University Press).
Hirst, P. and G. Thompson (1996) *Globalization in Question* (Cambridge: Polity Press).
Hobbs, H. H. (1994) *City Hall Goes Abroad: The Foreign Policy of Local Politics* (Thousand Oaks, Calif. and London: Sage).
Hoekman, B. and M. Kostecki (1995) *The Political Economy of the World Trading System* (Oxford and New York: Oxford University Press).
Hollingsworth, J. R. and R. Boyer (eds) (1997) *Contemporary Capitalism: The Embeddedness of Institutions* (Cambridge and New York: Cambridge University Press).
Hollingsworth, J. R., P. C. Schmitter and W. Streek (eds) (1994) *Governing Capitalist Economies* (Oxford and New York: Oxford University Press).
Hood, C. (1991) 'A Public Management for All Seasons?', *Public Administration*, 69:3–19.
Hood, C (1984) *The Tools of Government* (Chatham, NJ: Chatham House)
Hood, C. (1998) *The Art of the State* (Oxford: Oxford University Press).
Hood, C., B. G. Peters and H. Wollmann (1996) 'Sixteen Ways to Consumerize the Public Service', *Public Money and Management*, 16:43–50.
Hooge, L. and G. Marks (1997) 'Contending Models of Governance in the European Union', in A. W. Cafruny and C. Lankoski (eds), *Europe's Ambiguous Unity* (Boulder, CO: Lynne Rienner).
Hooks, G. (1993) 'The Weakness of Strong Theories: The U.S. State's Dominance in the Post World War II Investment Process', *American Sociologial Review*, 58:37–53.
Horie, F. (1996) 'Intergovernmental Relations in Japan: Historical and Legal Patterns of Power Distribution Between Central and Local Governments', in J. S. Jun and D. S. Wright (eds), *Globalization and Decentralization* (Washington, DC: Georgetown University Press), 48–67.
Horn, M. (1995) *The Political Economy of Public Administration* (Cambridge: Cambridge University Press).
Howard, C. (1997) *The Hidden Welfare State* (Princeton, NJ: Princeton University Press).

Hunold, C. (1998) 'Deliberative Democracy and Nuclear Waste Sitings: A Comparative Analysis', unpublished Ph.D. Dissertation, University of Pittsburgh.

Huntington, S. P. (1974) 'Post-Industrial Politics: How Benign Will it Be?', *Comparative Politics*, 6:164–92.

Hyden, G. (1992) 'Governance and the Study of Politics', in G. Hyden and M. Bratton (eds), *Goverance and Politics in Africa* (Boulder, Colo.: Lynne Rienner), 1–26.

Hyden, G. and M. Bratton (1992) *Governance and Politics in Africa* (Boulder, CO: Lynne Reinner).

Illich, I. (1971) *Medical Nemesis* (New York: Pantheon).

Inglehart, R. (1977) *The Silent Revolution: Changing Values and Political Styles in Western Publics* (Princeton, NJ: Princeton University Press).

Inglehart, R. (1991) *Culture Shift in Advanced Industrial Systems* (Princeton, NJ: Princeton University Press).

Ingram, H. and A .B. Schneider (1990) 'Improving Implementation Through Framing Smarter Statutes', *Journal of Public Policy*, 10, 67–87.

Jacques, E. (1990) 'In Praise of Hierarchy', *Harvard Business Review*, 127–33.

Jervis, R. (1983) 'Security Regimes', in S. Krasner (ed.), *International Regimes* (Ithaca, NY and London: Cornell University Press).

Jessop, B. (1982) *The Capitalist State* (Oxford: Martin Robertson).

Jessop, R. (1995) 'The Regulation Approach, Governance and Post-Fordism: Alternative Perspectives on Economic and Political Change', *Economy and Society*, 24:307–33.

Johnson, C. (1982) *MITI and the Japanese Miracle* (Stanford, Calif.: Stanford University Press).

Jones, C. O. (1984) *Introduction to the Study of Public Policy*, 3rd edn (Monterey, Calif.: Brooks/Cole).

Jordan, A. G. (1981) 'Iron Triangles, Woolly Corporatism and Elastic Nets: Images of the Policy Process, *Journal of Public Policy*, 1:95–123.

Jordan, A. G. (1990) 'Policy Community Realism vs. "New" Institutionalist Ambiguity', *Political Studies*, XXXVIII:470–84.

Kaase, M. and K. Newton (1996) *Beliefs in Government* (Oxford: Oxford University Press).

Kapstein, E. (1994) *Governing the Global Economy: Internaitonal Finance and the State* (Cambridge, Mass. and London: Harvard University Press).

Katz, R. S. *et al.* (1992) 'The Membership of Political Parties in European Democracies, 1960–1990', *European Journal of Political Research*, 22:329–45.

Katzenstein, P. J. (ed.) (1978) *Between Power and Plenty* (Madison: University of Wisconsin Press).

Katzenstein, P. J. (1984) *Corporatism and Change* (Ithaca, NY and London: Cornell University Press).

Katzenstein, P. J. (1985) *Small States in World Markets* (Ithaca, NY and London: Cornell University Press).

Katzenstein, P. J. (1987) *Germany: Policymaking in the Semi-Sovereign State* (Philadelphia, Pa.: Temple University Press).

Kavanagh, D. and P. Morris (1994) *Consensus Politics from Attlee to Major*, 2nd edn (Oxford: Blackwell).

Keating, M. (1996) *Nations Against the State* (London: Macmillan).

Keating, M. (1998) 'Commentary: Public–Private Partnerships in the United States from a European Perspective', in J. Pierre (ed.), *Partnerships in Urban Governance: European and American Experience* (London: Macmillan), 163–74.

Keating, M. and J. Loughlin (eds) (1997) *The Political Economy of Regionalism* (London: Frank Cass).

Kelman, S. (1992) 'Adversary and Cooperationist Institutions for Conflict Resolution in Public Policymaking', *Journal of Policy Analysis and Management*, 11:178–206.

Kenworthy, L. (1995) *In Search of National Economic Success* (Thousand Oaks, Calif. and London: Sage).

Keohane, R. O. and H. V. Milner (eds) (1996) *Internationalization and Domestic Politics* (Cambridge and New York: Cambridge University Press).

Kettl, D. F. (1992) *Deficit Politics: Public Budgeting in Its Institutional and Historical Context* (New York: Macmillan).

Kettl, D. F. (1993) *Sharing Power: Public Governance and Private Markets* (Washington, DC: The Brookings Institution).

Khademian, A. (1996) *Checking on Banks: Autonomy and Accountability in Three Federal Agencies* (Washington, DC: The Brookings Institution).

Kicket, W. (1994) 'Autopoesis and the Science of Public Administration: Essence, Sense and Nonsense', *Organisation Studies* 14, 226–46.

King, A. (1975) 'Overload: Problems of Governing in the 1970s', *Political Studies*, 23:284–96.

King, D. S. and G. Stoker (eds) (1997) *Rethinking Local Democracy* (London: Macmillan).

Knight, J. and J. Johnson (1997) 'What Sort of Equality Does Deliberative Democracy Require?', in J. Bohman and W. Rehg (eds), *Deliberative Democracy* (Cambridge, Mass.: MIT Press).

Knox, P. L. and P. J. Taylor (eds) (1995) *World Cities in a World-System* (Cambridge and New York: Cambridge University Press).

Kobach, K. W. (1994) *The Referendum: Direct Democracy in Switzerland* (Aldershot: Dartmouth).

Kooiman, J. (ed.) (1993) *Modern Governance: New Government–Society Interactions* (Newbury Park, Calif. and London: Sage).

Kooiman, J. (2000) 'Societal Governance: Levels, Modes and Orders of Social–Political Interaction', in J. Pierre (ed.), *Debating Governance: Authority, Steering, and Democracy* (Cambridge and New York: Cambridge University Press).

Krasner, S. (1983) *International Regimes* (Ithaca, NY: Cornell University Press).

Krasner, S. (1984) 'Approaches to the State: Alternative Conceptions and Historical Dynamics', *Comparative Politics*, 16:223–47.

Krugman, P. (1994) *Currencies and Crises* (Cambridge, Mass.: MIT Press).

Laffin, M. and K. Young (1990) *Professionalism in Local Government* (Harlow: Longman).

Lane, J.-E. (1983) 'The Concept of Implementation', *Statsvetenskaplig Tidskrift*, 86:17–40.

Lasswell, H. D. (1935) *Politics: Who Gets Waht?* (Chicago: University of Chicago Press).

Leftwich, A. (1994) 'Governance, the State and the Politics of Development', *Development and Change*, 25:361–86.

Le Galès, P. (1997) 'Urban Governance and Policy Networks',paper presented at the American Political Science Association conference, Washington, DC, 28–31 August.

Le Galès, P. (1998) 'Conclusion—Government and Governance of Regions: Structural Weaknesses and New Mobilisations', in P. Le Galès and C. Lequesne (eds) *Regions in Europe* (London and New York: Routledge), 239–68.

Le Galès, P. and A. Harding (1998) 'Cities and States in Europe', *West European Politics*, 21:120–45.

Le Galès, P. and C. Lequesne (eds) (1998) *Regions in Europe* (London and New York: Routledge).

Le Grand, J. (1998) *A Revolution in Social Policy: Quasi-Market Reforms in the 1990s* (Oxford: Polity Press).

Lehmbruch, G. (1979) 'Liberal Corporatism and Party Government', in *Trends Toward Corporatist Intermediation*, ed. P. C. Schmitter and G. Lehmbruch, pp. 147–53, Beverly Hills, CA: Sage.

Lijphart, A. (1984) *Democracies: Patterns of Majoritarian and Consensus Government in Twenty-One Countries* (New Haven, Conn.: Yale University Press).

Lindblom, C. E. (1977) *Politics and Markets* (New York: Basic Books).

Linder, S. H. and B. G. Peters (1989) 'Implementation as a Guide for Policy Formulation: A Question of "When" Rather than "Whether"', *International Review of Administrative Sciences*, 55:631–52.

Lipset, S. M., M. Trow and J .S. Coleman (1956) *Union Democracy* (Glencoe, Ill.: Free Press).

Listhaug, O. (1989) *Citizens, Parties and Norwegian Electoral Politics 1957–1985* (Trondheim: Tapir).

Loughlin, J. and S. Mazey (1995) 'The End of the French Unitary State? Ten Years of Regionalization in France (1982–1992)', *Regional Politics and Policy*, 4, 3 (special issues).

Lowi, T. J. (1979) *The End of Liberalism*, 2nd. edn (New York: Norton).

Maier, C. S. (1987) 'Introduction', in C. S. Maier (ed.), *Changing Boundaries of the Political* (Cambridge, Mass. and New York: Cambridge University Press), 1–26.

Majone, G. (1987) *Evidence, Argument and Persuasion in the Policy Process* (New Haven, Conn.: Yale University Press).

Majone, G. (1994) 'Independence and Accountability: Non-majoritarian Institutions in the European Union', in J. Hesse (ed.), *European Yearbook of Public Administration and Comparative Government*, vol. 1 (Oxford: Oxford University Press).

Malmström, C. (1998) *Regionerna, Makten och Härligheten: Regionala Partier i Västeuropa* (Regions, The Power and the Glory: Regional Parties in Western Europe) (Stockholm: SNS Förlag).

Mann, M. (1997) Has Globalization Ended the Rise and Rise of the Nation-State?', *Review of International Political Economy*, 4:472–96.

March, J. G. and J. P. Olsen (1989) *Rediscovering Institutions* (New York: The Free Press).

March, J. G. and J. P. Olsen (1995) *Democratic Governance* (New York: Free Press).

Marks, G., L. Hooghe and K. Blank (1996) 'European Integration since the 1980s: State-Centric versus Multi-Level Governance', *Journal of Common Market Studies*, 34, 341–78.

Marsh, D. and R. A. W. Rhodes (eds) (1992) *Policy Networks in British Government* (Oxford: Clarendon Press).

Martin, A. (1996) 'What has Globalization to with the Erosion of the Welfare State?: Sorting out the Issues', Working Paper No. 17 Oslo: ARENA.

Mawson, J. and K. Spencer (1997) 'The Government Offices for the English Regions: Towards Regional Governance?', *Policy and Politics*, 25:71–84.

Mead, L. (1996) 'Welfare Policy: The Administrative Frontier', *Journal of Public Policy Analysis and Management*, 15:587–600.

Meininger, M.-C. (1998) 'Public Service, the Public's Service' in F. Gallouédec-Genuys (ed.), *About French Administration* (Paris: La Documentation Française).

Menon, A. (1996) 'France and the IGC of 1996', *Journal of European Public Policy*, 3, 231–52.

Merton. R. K. (1940) 'Bureaucratic Structure and Personality', *Social Forces*, 18, 3–18.

Micheletti, M. (1994) *Det civila samhället och staten* (The Civil Society and the State) (Stockholm: Fritzes).

Mierlo, H. J. G. A. van (1986) 'Depillarisation and the Decline of Consociationalism in the Netherlands, 1970–85', *West European Politics* 9:97–119.

Migdal, J. S. (1988) *Strong Societies and Weak States: State–Society Relations and State Capabilities in the Third World* (Princeton, NJ: Princeton University Press).

Miliband, R. (1969) *The State in Capitalist Society* (London: Wiedenfeld & Nicolson).

Milner, H. V. and R. O. Keohane (1996) 'Internationalization and Domestic Politics: A Conclusion', in R. O. Keohane and H. V. Milner (eds), *Internationalization and Domestic Politics* (Cambridge and New York: Cambridge University Press), 243–58.

Morgan, G. (1986) *Images of Organization* (Beverly Hills, Calif.: Sage).

Moses, J. (1994) 'Abdication from National Policy Autonomy: What's Left to Leave?', *Politics and Society*, 2:125–48.

Muller, W. C. and V. Wright (1994) 'Reshaping the State in Western Europe: The Limits of Retreat', *West European Politics*, 17:1–11.

Muramatsu, M. (1997) *Local Power in the Japanese State* (Berkeley: University of California Press).

Navari, C. (1991) 'On the Withering Away of the State', in C. Navari (ed.), *The Condition of States* (Milton Keynes and Philadelphia, Pa.: Open University Press), 143–66.

Nielsen, K. and O. K. Pedersen (eds) (1989) *Förhandlingsökonomi i Norden* (*The Nordic Negotiated Economy*) (Copenhagen: Jurist- og Ökonomforbundets Forlag).

Nilsson, L. (1998) 'The Scope of the local welfare state in Sweden: Citizens' Attitudes Towards Privatization and the Public Sector', unpublished manu-script, Department of Political Science, University of Gothenburg.

Niskanen, W. A. (1996) *Bureaucracy and Public Economics* (Aldershot: Edward Elgar).

Nye, J. S., P. D. Zelikow and D. C. King (1997) *Why People Don't Trust Government* (Cambridge, Mass.: Harvard University Press).

O'Brien, P. (1994) 'Governance Systems in Steel: The American and Japanese Experiences', in J. R. Hollingsworth, P. C. Schmitter and W. Streek (eds),

Governing Capitalist Economies (Oxford and New York: Oxford University Press, 1994), 43–71.

Offe, C. (1985) *Disorganized Capitalism* (Cambridge, Mass.: The MIT Press).

Ohmae, K. (1995) *The End of the Nation State: The Rise of Regional Economics* (London: HarperCollins).

Okimoto, D. (1988) *Between MITI and the Market* (Stanford, Calif.: Stanford University Press).

Olsen, J. P. (1983) *Organized Democracy* (Oslo: Universitetsforlaget).

Olsen, J. P. (1987) 'Popular Sovereignty and the Search for Appropriate Institutions', *Journal of Public Policy*, 7, 341–70.

Olson, Mancur (1982) *The Rise and Decline of Nations: Economic Growth Stagflation and Social Rigidities* (New Haven, Conn.: Yale University Press).

Osborne, D. and Gaebler, T. (1992) *Reinventing Government* (Reading, Mass.: Addison-Wesley).

Ostrom, E. (1990) *Governing the Commons: The Evolution of Institutions of Collective Action* (Cambridge: Cambridge University Press).

Papadopolous, J. J. (1992) *Seguridad social y politica en el Uruguay* (Montevideo: CIESU).

Payne, A. (2000) 'Globalisation and Modes of Regionalist Governance', in J. Pierre (ed.), *Debating Governance: Authority, Steering, and Democracy* (Oxford and New York: Oxford University Press).

Perez-Diaz, V. (1994) *The Return of Civil Society* (Cambridge, Mass.: Harvard University Press).

Peters, B. G. (1985) 'The United States', in R. Rose *et al.*, *Public Employment in Western Countries* (Cambridge: Cambridge University Press).

Peters, B. G. (1992) *The Politics of Taxation* (Oxford: Blackwell).

Peters, B. G. (1993) 'Managing the Hollow State', in K. Eliassen and J. Kooiman (eds), *Managing Public Organizations* (London: Sage), 46–57.

Peters, B. G. (1996) *The Future of Governing* (Lawrence, Kans.: University of Kansas Press).

Peters, B. G. (1997a) 'Globalization and Governance', paper presented at Conference on Globalization and Politics, University of Birmingham, April.

Peters, B. G. (1997b) 'Shouldn't Row, Can't Steer: What's a Government to Do?, *Public Policy and Administration*, 10(2), 34–60.

Peters, B. G. (1998a) 'Governance in Africa', paper presented at United Nations Conference on Governance in Africa.

Peters, B. G. (1998b) 'The Problem of Policy Problems', paper presented at the annual meeting of the Southern Political Science Association's Annual Conference, Atlanta, Georgia, 28–31 October, 1998.

Peters, B. G. (1998c) *Comparative Politics: Theory and Methods* (London: Macmillan).

Peters B. G. (1998d) '"With a Littel Help From Our Friends" Public–Private Partnerships as Institutions and Instruments', in J. Pierre (ed), *Partnerships in Urban Governamce: European and American Experience* (London: Macmillan), 11–33.

Peters, B. G. and J. Pierre (1998a) 'Governing without Government: Rethinking Public Administration', *Journal of Public Administration and Theory*, 8, 223–42.

Peters, B. G. and J. Pierre (1986b) 'Institutions and Time: Problems in Conceptualization and Explanation', *Journal of Public Administration Research and Theory*, 8, 565–84.

Peters, B. G. and D. J. Savoie (eds) (1995) *Governance in a Changing Environment* (Montreal: McGill/Queens University Press).

Peters, B. G. and D. J. Savoie (1998) *Taking Stock: Assessing Public Sector Reform* (Montreal and Kingston: McGill-Queen's University Press).

Peters, B. G. and F. K. M. Van Nispen (1998) *The Study of Policy Instruments* (Cheltenham: Edward Elgar).

Petersson, O., J. Hermansson, M. Micheletti, J. Teorell and A. Westholm (1998) *Demokrati och Medborgarskap* (*Democracy and Citizenship*) (Stockholm: SNS).

Petracca, M. (1992) *The Politics of Interests* (Boulder, Colo.: Westview Press).

Pickvance, C. and E. Preteceille (eds) (1991) *State Restructuring and Local Power: A Comparative Perspective* (London: Pinter).

Pierre, J. (1994) *Den Lokala Staten* (*The Local State*) (Stockholm: Almqvist & Wiksell).

Pierre, J. (1995a) 'The Marketization of the State: Citizens, Customers and the Emergence of the Public Market', in B. G. Peters and D. J. Savoie (eds), *Governance in a Changing Environment* (Montreal and Kingston: McGill/Queens University Press), 47–69.

Pierre, J. (ed.) (1995b) *Bureaucracy in the Modern State* (Aldershot: Edward Elgar).

Pierre, J. (1997a) 'State Models and Economic Development: Controversies, Convergencies and Consequences', paper presented at the International Political Science Association conference, Seoul, Korea, 17–21 August.

Pierre, J. (1997b) 'Decentralisering av Politik och Politikens Decentralisering' 'The Decentralization of Politics and the Politics of Decentralization', in B. Rothstein (ed.), *Politik som Organisation* (*Politics as Organization*), 2nd edn (Stockholm: SNS Förlag), 118–38.

Pierre, J. (ed.) (1998a) *Partnerships in Urban Governance: European and American Experiences* (London: Macmillan).

Pierre, J. (1998b) 'Public Consultation and Citizen Participation: Dilemmas of Policy Advice', in B. G. Peters and D. J. Savoie (eds), *Taking Stock: Assessing Public Sector Reform* (Montreal: McGills/Queens University Press), 137–63.

Pierre, J. (ed.) (2000) *Debating Governance: Authority, Steering, and Democracy* (Oxford and New York: Oxford University Press).

Pierson, P. (1994) *Dismantling the Welfare State?: Reagan, Thatcher and the Politics of Retrenchment* (Cambridge and New York: Cambridge University Press).

Pierson, P. (1998) 'Irresistible Forces, Immovable Objects: The Post-Industrial Welfare States Confront Permanent Austerity', *Journal of European Public Policy*, 5, 539–60.

Polanyi, K. (1941) *The Great Transformation* (Boston, Mass.: Beacon Press).

Polidano, C. (1999) 'The Bureaucrat Who Fell Under a Bus: Ministerial Responsibility, Executive Agencies and the Derek Lewis Affairs in Britain', *Governance*, 13, 201–30.

Pollitt, C. (1984) *Manipulating the Machine: Changing Patterns of Ministerial Departments 1960–83* (London: Allen & Unwin).

Pollitt, C. (1990) *Managerialism in the Public Service* (Oxford: Basil Blackwell).

Porter, M. J. (1990) *The Competitive Advantage of Nations* (New York: Free Press).

Posner, P. (1998) *Unfunded Mandates* (Washington, DC: Georgetown University Press).

Posner. P. and C. Levine (1981) 'Austerity and the Intergovernmental System, *Political Science Quarterly*, 96, 67–86.

Power, M. (1997) *The Audit Society: Rituals of Verification* (Oxford: Oxford University Press).

Pressman, J. L. and A. Wildavsky (1973) *Implementation* (Berkeley: University of California Press).

Przeworski, A. and H. Teune (1970) *The Logic of Comparative Social Inquiry* (New York: Wiley-Interscience).

Putnam, R. D. (1988) 'Diplomacy and Domestic Politics', *International Organization*, 42, 427–60.

Putnam, R. D. (1993) *Making Democracy Work: Civic Traditions in Modern Italy* (Princeton, NJ: Princeton University Press).

Quah, J. S. T. (1987) *The Government and Politics of Singapore* (rev. ed.) (Singapore: Oxford University Press).

Reich, R. B. (1991) *The Work of Nations* (New York: Vintage).

Reich S. (1990) *Fruits of Fascism: Post-War Prosperity in Historical Perspective* (Ithaca, NY: Cornell University Press).

Rhodes, R. A. W. (1994) 'The Hollowing Out of the State', *Political Quarterly*, 65:138–51.

Rhodes, R. A. W. (1997) *Understanding Governance: Policy Networks, Governance, Reflexivity and Accountability* (Buckingham: Open University Press).

Richardson, J. J. (ed.) (1982) *Policy Styles in Western Europe* (Boston, Mass. and London: Allen & Unwin).

Rittberger, V. (1993) *Regime Theory and International Relations* (Oxford: Oxford University Press).

Rockman, B. A. (1998) 'The Changing Role of the State', in B. G. Peters and D. J. Savoie, (eds), *Taking Stock: Assessing Public Sector Reforms* (Montreal and Kingston: McGill-Queen's University Press), 20–44.

Rogowski, R. (1987) 'Trade and the Variety of Democratic Institutions', *International Organization*, 41:203–23.

Rogowski, R. (1989) *Commerce and Coalitions: How Trade Affects Domestic Political Alignments* (Princeton, NJ: Princeton University Press).

Rokkan, S. (1966) 'Norway: Numerical Democracy and Corporate Pluralism', in R. A. Dahl (ed.), *Political Oppositions in Western Democracies* (New Haven, Conn.: Yale University Press).

Rokkan, S. (1966) 'Votes Count But Resources Decide', in R. A. Dahl, (ed.), *Political Oppositions in Western Democracies* (New Haven: Yale University Press).

Rose, R. (1976) *The Problem of Party Government* (London: Macmillan).

Rose, R. and T. Karran (1994) *Governing by Inertia* (London: Routledge).

Rose, R. and B. G. Peters (1976) *Can Government Go Bankrupt?* (New York: Basic Books).

Rosenau, J. N. (2000) 'Change, Complexity, and Governance in Globalizing Space', in J. Pierre (ed.), *Debating Governance: Authority, Steering, and Democracy* (Oxford and New York: Oxford University Press).

Rosenau, J. N. and E.-O. Czempiel (eds) (1992) *Governance without Government:*

Order and Change in World Politics (Cambridge and New York: Cambridge University Press).

Rothenberg, L. (1992) *Linking Citizens to Government: Interest Group Politics at Common Cause* (Cambridge: Cambridge University Press).

Rothstein, B. (1992) *Den korporativa staten* (*The Corporatist State*), (Stockholm: Norstedts).

Rouban, L. (1998) *La modernisation de la gestion des collectivités locales de plus de 10 000 habitants* (*The Modernization of the Management of Locales bigger than 10,000 Inhabitants*) (Paris: CEVIPOF).

Salamon, L. (1981) 'Rethinking Public Management: Third Party Government and the Changing Forms of Government Action', *Public Policy*, 29, 255–75.

Salamond, L. M. and M. Lund (1987) *Beyond Privatization: The Tools of Government Action* (Washington, DC: Urban Institute Press).

Sandel, M. (1996) *Democracy's Discontents: America in Search of a Public Philosophy* (Cambridge, Mass.: Belknap Press).

Sartori, G. (1994) *Constitutional Engineering* (New York: New York University Press).

Sassen, S. (1991) *The Global City: New York, London, Tokyo* (Princeton, NJ: Princeton, University Press).

Savoie, D. J. (1994) *Thatcher, Reagan, Mulroney: In Search of a New Bureaucracy* (Pittsburgh, Pa.: University of Pittsburgh Press).

Saward, M. (1998) 'In Search of the Hollow Crown', in P. Weller, H. Bakvis and R. A. W. Rhodes (eds), *The Hollow Crown* (London: Macmillan).

Scharpf, F. W. (1988) 'The Joint-Decision Trap: Lessons from German Federalism and European Integration', *Public Administration*, 66:239–78.

Scharpf, F. W. (1997) 'Introduction: The Problem-Solving Capacity of Multi-level Governance', *Journal of European Public Policy*, 4:520–38.

Scheuch, E. (1976) *Wird die Bundesrepublik Unregierbar?* (*Will the Federal Republic become Ungovernable?*) (Köln: Arbeitgeberverband der Metallindustrie).

Schmitter, P. C. (1974) 'Still the Century of Corporatism?', *Review of Politics*, 36:85–131.

Schmitter, P. and W. Streek (1985) *Private Interest Government* (London: Sage).

Schon, D. G. and M. Rein (1994) *Frame Reflection: Resolving Intractable Policy Issues* (New York: Basic Books).

Schumpeter, J. A. (1975 [1942]) *Capitalism, Socialism and Democracy* (New York: Harper & Row).

Scott, A. (ed.) (1997) *The Limits of Globalization* (London: Routledge).

Sears, D. O. and J. Citrin (1985) *Tax Revolt: Something for Nothing in California* (Cambridge, Mass.: Harvard University Press).

Seidman, H. (1998) *Politics, Power and Position*, 5th edn (New York: Oxford University Press).

Seigfried, A. (1940) *France: A Study in Nationality* (New York: A. A. Knopf).

Self, P. (1993) *Government by the Market?* (London: Macmillan).

Sharpe, L. J. (1988) 'The Growth and Decentralisation of the Modern Democratic State', *European Journal of Political Research*, 16:365–80.

Shaw, M. (1997) 'The State of Globalization: Toward a Theory of State Transformation', *Review of International Political Economy*, 4:497–513.

Shepsle, K. A. and B. R. Weingast (1995) *Positive Theories of Congressional Institutions* (Ann Arbor: University of Michigan Press).

Shonfield, A. (1965) *Modern Capitalism* (Oxford and New York: Oxford University Press).
Sieber, S. (1981) *Fatal Remedies* (New York: Plenum).
Skocpol, T. (1979) *States and Social Revolutions* (Cambridge: Cambridge University Press).
Smith, B. C. (1986) *Decentralization: The Territorial Dimension of the State* (London: George Allen & Unwin).
Smyrl, M. E. (1997) 'Does European Community Regional Policy Empower the Regions?', *Governance*, 10:287–309.
Soros, G. (1998) *The Crisis of Global Capitalism: Open Society Endangered* (London: Little, Brown).
SOU 1990:44, *Demokrati och Makt i Sverige. Maktutredningens huvudrapport* (*Democracy and Power in Sweden: The Final Report from the Royal Commission on the distribution of power in Sweden*).
Spulbar, N. (1995) *The American Economy: The Struggle for Supremacy in the 21st Century* (Cambridge: Cambridge University Press).
Stillman, R. J. (1991) *Preface to Public Administration: A Search for Themes and Directions* (New York: St Martin's Press).
Stoker, G. (1990) 'Regulation Theory, Local Government and the Transition from Fordism', in D. S. King and J. Pierre (eds), *Challenges to Local Government* (London: Sage), 242–64.
Stoker, G. (1998a) (ed.), *The New Management of British Local Governance* (London: Macmillan).
Stoker, G. (1998b) 'Public–Private Partnerships and Urban Governance', in J. Pierre (ed.), *Partnerships in Urban Governance: European and American Experience* (London: Macmillan, and New York: St Martin's Press), 34–51.
Stoker, G. (2000) 'Urban Political Science and the Challenge of Urban Governance', in J. Pierre (ed.), *Debating Governance: Authority, Steering, and Democracy* (Oxford and New York: Oxford University Press).
Stokes, S. C. (1998) 'Pathologies of Deliberation', in J. Elster (ed.), *Deliberative Democracy* (Cambridge: Cambridge University Press).
Stone, C. N. (1989) *Governing Atlanta* (Lawrence, Kans.: University of Kansas Press).
Strange, S. (1986) *Casino Capitalism* (Oxford: Basil Blackwell).
Strange, S. (1996) *The Retreat of the State: The Diffusion of Power in the World Economy* (Cambridge: Cambridge University Press).
Sundquist, J. L. (1993) *Beyond Gridlock? Prospects for Governance in the Clinton Years and After* (Washington, DC: The Brookings Institution).
Sunstein, C. R. (1998) 'Health–Health Trade Offs', in J. Elster (ed.), *Deliberative Democracy* (Cambridge: Cambridge University Press).
Swanstrom, T. (1985) *The Crisis in Growth Politics* (Philadelphia, Pa.: Temple University Press).
Taggart, P. (1996) *The New Populism and the New Politics* (London: Macmillan).
Taggart, P. (1998) 'A Touchstone of Dissent: Euroscepticism in Contemporary West European Party Systems', *European Journal of Political Research*, 33:36388.
Tam, H. B. (1998) *Communitarianism: A New Agenda for Politics and Citizenship* (New York: New York University Press).
Thelen, K., F. Longstreth and S. Steinmo (1992) *Stucturing Politics: Historical*

Institutionalism in Comparative Analysis (Cambridge: Cambridge University Press).
Thomas, P. J. (1998) 'The Changing Nature of Accountability', in B. G. Peters and D. J. Savoie (eds), *Taking Stock: Assessing Public Sector Reform* (Montreal: McGill/Queens University Press), 348–93.
Thorley, J. (1996) *Athenian Democracy* (London: Routledge).
Tilly, C. (1985) *Big Structures, Large Processes, Huge Comparisons* (New York: Russell Sage).
Tordoff, W.. (1993) *Government and Politics in Africa*, 2nd edn (Bloomington: Indiana University Press).
Trosa, S. and M. Crozier (1994) *Moderniser l'administration: Comment font les autres?* (Paris: Les Editions d'Organisation).
Tsebelis, G. (1990) *Nested Games: Rational Choice in Comparative Politics* (Berkeley: University of Calfiornia Press).
't Veld, R. (1993) *Autopoesis and Configuration Theory* (Dordrecht: Kluwer).
Vogel, D. (1995) *Trading Up: Consumer and Environmental Regulation in a Global Economy* (Cambridge, Mass.: Harvard University Press).
Wallace, H. (1996) 'Politics and Policy in the EU: The Challenge of Governance', in H. Wallace and W. Wallace (eds), *Policy-Making in the European Union*, 3rd edn (Oxford and New York: Oxford University Press), 3–36.
Walzer, M. (1994) *Spheres of Justice* (Oxford: Blackwell).
Walzer. N. and B. D. Jacobs (eds) (1998) *Public–Private Partnerships for Local Economic Development* (Westport, Conn. and London: Praeger).
Weaver, R. K. (1987) 'Political Foundations of Swedish Economic Policy', in B. P. Bosworth and A. M. Rivlin (eds), *The Swedish Economy* (Washington, DC: Brookings), 289–317.
Weaver, R. K. and B. A. Rockman (eds) (1993) *Do Institutions Matter? Comparing Capabilities in the U.S. and Abroad* (Washington, DC: The Brookings Institution).
Weaver, R. K. and B. A. Rockman (1993) 'Institutional Reform and Constitutional Design', in R. K. Weaver and B. A. Rockman (eds) *Do Institutions Matter?: Government Capabilities in the United States and Abroad* (Washington, DC: The Brookings Institution), 462–82.
Weiss, L. (1998) *The Myth of the Powerless State* (Cambridge and New York: Cambridge University Press).
Weiss, L. and J. M. Hobson (1998) *States and Economic Development* (Oxford: Polity Press).
Widfeldt, A. (1997) *Linking Parties with People? Party Membership in Sweden, 1960–1994* (Gothenburg: Department of Political Science, University of Gothenburg).
Wildavsky, A. (1979) 'Policy as its Own Cause', in A. Wildavsky (ed.), *Speaking Truth to Power* (Boston: Little, Brown).
Williamson, O. E. (1975) *Markets and Hierarchies* (New York: Free Press).
Williamson, O. E. (1996) *The Mechanisms of Governance* (Oxford and New York: Oxford University Press).
Wilson, G. K. (1990) *Business and Politics*, 2nd edn (Chatham, NJ: Chatham House).

Wood, D. B. and R. Waterman (1994) *Bureaucratic Dynamics* (Boulder, Colo.: Westview).

Woodside, K. (1998) 'The Authority and Visibility of Policy Instruments', in B. G. Peters and F. K. M. Van Nispen (eds), *The Instruments of Public Policy* (Cheltenham: Edward Elgar).

Wright, V. (1994) 'Reshaping the State: Implications for Public Administration', *West European Politics* 17, 102–34.

Wunsch, J. S. and D. Olowu (1995) *Failure of the Centralized State*, 2nd edn (San Francisco: ICS Press).

Zifcak, S. (1994) *New Managerialism: Administrative Reform in Whitehall and Canberra* (Buckingham: Open University Press).

译后记

自20世纪90年代以来,"治理"逐渐成为国际社会科学研究的一个中心主题。由此形成的研究文献汗牛充栋,以至于很难统计出各种语言的研究文献的具体数量。然而,"治理"这个术语也同时给人们带来了诸多的困惑——它到底是一个什么样的概念?这个概念具有什么样的内涵?这个术语的产生对社会科学知识和人类社会的治理实践来说到底意味着什么?这些困惑的产生,或许是由于"治理"这个术语的含义本身存在着模糊性和不确定性,也可能因为研究者们各种不同的理解及其研究途径的差异所致。

因此,无论是基于正本清源还是基于规范研究的考虑,是到了需要对"治理"以及各种关于"治理"的研究视角和研究途径进行梳理和反思的时候了。令人高兴的是,乔恩·皮埃尔和盖伊·彼得斯的《治理、政治与国家》一书,正是这样一本著作。人们通过阅读这本著作,想必对治理和各种治理理论会形成更为清晰的认识。

《治理、政治与国家》一书的英文版出版于2000年。那时候,距离学术界(尤其是政治科学、经济学、社会学)提出和使用"治理"概念并开始深入探讨也只有十年左右的时间。但是,这本篇幅不大的著作,对当时学术界的研究现状进行了系统的梳理,并作出了十分中肯的评价。在这里,两位作者对"治理"概念的内涵、历史、治理模式的比较、治理理论中的不同分析框架、不同类型的国家(或地区)基于治理的考虑而做出的变革或出现的变化等进行了概观式和全景式的考察。在该书出版后至今的近二十年时间里,虽然治理理论的分析框架和研究文献经历了爆炸式的增长,但两位作者的这一考察以及他们所得出的结论,对于理解经验世界中的各种治理实践和评价各种治理理论,依然具有很大的启发意义。正如作者所说的:“作为经验现象的治理,同这种现象如何运作以及如何理解这种现象的理论解释,经常被混淆在一起。”本书在很大程度上廓清了这种混淆。

两位作者虽然对各种治理理论的分析视角和多样化的治理实践作出了他们的梳理和评价,但本书本身并不只是一个文献式的梳理,而是有着他们自己的分析视角和逻辑。在众多治理理论文献中,国家或政府似乎失去了原有的甚至应有的地位。这或许是这些治理理论的偏狭或不足所在。事实上,无论是在西方民主国家那里,还是在其他的发展型国家,有关治理的理念和结构,根本无法做到让国家或政府真正退场。与很多治理理论不同,本书两位作者对治理的考察,遵循着以国家为中心的分析视角,既考察了国家在治理结构和过程中所扮演的中心角色,又考察了国家的角色、能力和政府的政策等在治理结构和过程中所面临的挑战及其回应。正是这样的考察,为我们正确和完整地了解、理解各种治理理论和实践提供了有益的思路。

可以说,《治理、政治与国家》是一本很耐读的著作,它的内容、特点和所提供给我们的价值,我们还是留给读者们自己去细细品读和做出评价。

对于本书中文版的出版,我们要特别感谢以下两位人士:格致出版社的社长范蔚文先生、责任编辑贺俊逸先生。正是这两位人士的眼光、专业能力和一丝不苟的精神,既推进着本书中文版的出版,又为本书增色不少。

本书的翻译分工如下:导论、第一部分的三章、第二部分的第 4 章和第 5 章,由唐贤兴翻译;第二部分的第 6 章、第 7 章和最后第三部分的两章,由马婷翻译。全书最后由唐贤兴校译和统稿。本书的翻译虽然经历了一段很长的时间,但译本依然可能存在一些方面的错误,我们诚恳期待并接受学界同行和读者们提出宝贵的批评。

唐贤兴

图书在版编目(CIP)数据

治理、政治与国家/(瑞典)乔恩·皮埃尔等著;
唐贤兴,马婷译.—上海:格致出版社:上海人民出
版社,2019.12
(公共管理经典译丛)
ISBN 978-7-5432-3056-9

Ⅰ.①治… Ⅱ.①乔… ②唐… ③马… Ⅲ.①国家-
行政管理-研究 Ⅳ.①D035

中国版本图书馆 CIP 数据核字(2019)第 236066 号

责任编辑 贺俊逸
装帧设计 人马艺术设计·储平

公共管理经典译丛
治理、政治与国家
[瑞典]乔恩·皮埃尔 [美]B.盖伊·彼得斯 著
唐贤兴 马婷 译
唐贤兴 校

出　版 格致出版社
上海人民出版社
(200001 上海福建中路 193 号)
发　行 上海人民出版社发行中心
印　刷 上海盛通时代印刷有限公司
开　本 720×1000 1/16
印　张 13
插　页 1
字　数 188,000
版　次 2019 年 12 月第 1 版
印　次 2019 年 12 月第 1 次印刷
ISBN 978-7-5432-3056-9/C·227
定　价 52.00 元

上海市版权局著作权合同登记章:图字 09-2010-413 号